GRöLS Verlage

„BÜCHER SIND WIE FALLSCHIRME. SIE NÜTZEN UNS NICHTS, WENN WIR SIE NICHT ÖFFNEN.“

Gröls Verlag

Redaktionelle Hinweise und Impressum

Das vorliegende Werk wurde zugunsten der Authentizität sehr zurückhaltend bearbeitet. So wurden etwa ursprüngliche Rechtschreibfehler *nicht* systematisch behoben, denn kleine Unvollkommenheiten machen das Buch – wie im Übrigen den Menschen – erst authentisch. Mitunter wurden jedoch zum Beispiel Absätze behutsam neu getrennt, um den Lesefluss zu erleichtern.

Um die Texte zu rekonstruieren, werden antiquarische Bücher von Lesegeräten gescannt und dann durch eine Software lesbar gemacht. Der so entstandene Text wird von Menschen gegengelesen und korrigiert – hierbei treten auch Fehler auf. Wenn Sie ebenfalls antiquarische Texte einreichen möchten, finden Sie weitere Informationen auf www.groels.de

Viel Freude bei der Lektüre wünscht Ihnen das Team des Gröls-Verlags.

Adressen

Verleger: Sophia Gröls, Im Borngrund 26, 61440 Oberursel

Externer Dienstleister für Distribution & Herstellung: BoD, In de Tarpen 42, 22848 Norderstedt

Mark Twain

Leben auf dem Mississippi

Nach dem fernen Westen

Inhalt

Einleitung

Das Becken des Mississippi ist sozusagen der Leib der Nation. Alle anderen Teile des Landes sind nur die Glieder, zwar wichtig an sich selbst, aber noch wichtiger in ihrer Beziehung zu jenem. Mit Ausschluß des Seebeckens und der 300 000 englischen Quadratmeilen in Texas und Neu-Mexiko, welche jedoch in mancher Hinsicht einen Teil des Mississippibeckens bilden, umfaßt letzteres etwa 1 250 000 englische Quadratmeilen. An Ausdehnung ist es das zweitgrößte der Welt, da es an Größe nur von demjenigen des Amazonenstromes übertroffen wird. Das Thal des eisbedeckten Obi kommt ihm an Ausdehnung fast gleich; das des La Plata folgt ihm an Größe und hat etwa $^{8}/_{9}$ des Areals vom Mississippibecken; dann kommen die Thäler des Jenisei mit etwa $^{7}/_{9}$, des Lena, Amur, Hoang-Ho, Yangtse-kiang und Nil mit $^{5}/_{9}$, des Ganges mit weniger als $^{1}/_{2}$, des Indus mit weniger als $^{1}/_{3}$, des Euphrat mit $^{1}/_{5}$, des *Rhein* mit $^{1}/_{15}$ des Mississippigebietes. Letzteres übertrifft an Ausdehnung das ganze Europa, mit Ausschluß von Rußland, Norwegen und Schweden; es würde Österreich viermal, *Deutschland* oder Spanien *fünfmal*, Frankreich sechsmal und die britischen Inseln oder Italien zehnmal in sich aufnehmen. Nach den Flußbecken des westlichen Europa kann man sich keine Vorstellung von der Ausdehnung des Mississippigebietes machen. In dieser Beziehung wären die Becken der sibirischen Flüsse, das hohe Plateau von Zentralasien, das sumpfige Gebiet des Amazonenstromes bessere Vergleichsobjekte, aber diese geben auch keinen richtigen Begriff von der Bedeutung des Mississippibeckens für die zivilisierte Wert, weil sie durch ihre Unfruchtbarkeit, ihre Regenlosigkeit, ihre geographische Lage nicht für den Unterhalt einer dichten Bevölkerung so geeignet sind wie das Mississippibecken.

Der Fluß und seine Geschichte

Es lohnt sich wohl der Mühe, von dem Mississippi zu lesen; er ist kein gewöhnlicher Fluß, sondern in jeder Beziehung merkwürdig. Betrachtet man den Missouri als seinen Hauptarm, so ist er der längste Fluß der Welt, volle viertausenddreihundert englische Meilen lang. Auch kann man mit Sicherheit behaupten, daß er der gekrümmteste Fluß der Welt ist, da er auf einem Teile seines Weges eintausenddreihundert Meilen weit fließt, um eine Entfernung zurückzulegen, welche in der Luftlinie nur sechshundertundfünfundsiebzig Meilen beträgt. Er ergießt dreimal so viel Wasser ins Meer wie der St. Lorenzstrom, fünfundzwanzigmal so viel wie der Rhein und dreihundertundachtunddreißigmal so viel wie die Themse. Kein anderer Strom entwässert ein so ungeheures Becken; er entnimmt sein Wasser achtundzwanzig Staaten und Territorien zwischen Delaware an der atlantischen Küste und Idaho an den Abhängen des Stillen Meeres, eine Entfernung von fünfundvierzig Längengraden. Der Mississippi nimmt das Wasser von vierundfünfzig geringeren Flüssen, die für Dampfboote schiffbar sind, und von einigen hundert, welche von Leichtern und Flachbooten befahren werden, in sich auf und führt es dem Golf zu. Das Areal des von ihm entwässerten Beckens ist so groß wie der Flächenraum von England, Wales, Schottland, Irland, Frankreich, Spanien, Portugal, Deutschland, Österreich, Italien und der Türkei zusammen, und fast das ganze weite Gebiet ist fruchtbar, das eigentliche Mississippithal sogar in hohem Grade.

Der Mississippi ist ein bemerkenswerter Fluß auch insofern, als er nach der Mündung zu nicht breiter wird, sondern sich verengert: er wird schmäler und tiefer. Von der Mündung des Ohio bis zu einem Punkte, etwa halbwegs abwärts nach dem Meere, beträgt die Breite bei hohem Wasserstande durchschnittlich eine englische Meile; von da verringert sich die Breite bis zum Meere stetig, bis sie bei den „Pässen“, oberhalb der Mündung, nur noch wenig mehr als eine halbe Meile ist. Am Ausfluß des Ohio ist die Tiefe des Mississippi siebenundachtzig Fuß; dann nimmt sie allmählich zu, bis sie eben oberhalb der Mündung einhundertundneunundzwanzig Fuß erreicht.

Ebenso ist der Unterschied beim Steigen und Fallen des Wassers, zwar nicht auf dem oberen, aber auf dem unteren Laufe des Flusses bemerkenswert. Bis nach Natchez (dreihundertundsechzig englische Meilen oberhalb der Mündung) hinab ist das Steigen ein ziemlich gleichmäßiges – etwa fünfzig Fuß: bei Bayou

La Fourche steigt der Fluß aber nur vierundzwanzig, bei New-Orleans fünfzehn und gerade oberhalb der Mündung sogar nur zwei und einen halben Fuß.

Nach den Berichten erfahrener Fachleute entleert der Mississippi alljährlich vierhundertundsechs Millionen Tonnen Schlamm in den Golf von Mexiko, ein Quantum, das, zu einem festen Körper vereinigt, einen Flächenraum von einer englischen Quadratmeile bedecken und eine Höhe von zweihunderteinundvierzig Fuß haben würde. Die Schlammablagerungen lassen das Land allmählich anwachsen, doch geschieht dies nur sehr langsam, da dasselbe in den zweihundert Jahren, welche verflossen sind, seitdem der Fluß seinen Platz in der Geschichte eingenommen hat, nur um eine Drittelmeile vorgerückt ist. Die Gelehrten meinen, daß die Mündung des Flusses früher bei Baton Rouge, wo das hügelige Terrain aufhört, gelegen habe und daß die zweihundert Meilen Land zwischen dem genannten Punkte und dem Golf vom Flusse angeschwemmt worden seien. Daraus würde sich ohne Mühe das Alter dieses Landes auf einhundertundzwanzigtausend Jahre berechnen lassen.

Noch in einer anderen Beziehung ist der Mississippi bemerkenswert, nämlich durch seine Neigung, wunderbare Sprünge zu machen und schmale Landzungen zu durchschneiden, um auf diese Weise seinen Lauf zu begradigen und zu verkürzen. Mehr als einmal hat er sich mit einem einzigen Sprunge um dreißig englische Meilen verkürzt! Diese Richtwege haben seltsame Folgen gehabt: es sind dadurch verschiedene am Fluß gelegene Städte mitten in ländliche Distrikte hinein versetzt und vor ihnen Sandbarren und Wälder aufgebaut worden. Die Stadt Delta hat sonst drei Meilen *unterhalb* Vicksburg gelegen: ein vor einiger Zeit vom Flusse eingeschlagener Richtweg hat die Lage aber radikal geändert, denn Delta liegt jetzt zwei Meilen *oberhalb* Vicksburg.

Beide genannten Städte sind durch jenen Durchbruch vom Flusse ins Land hinein versetzt worden. Ein solcher Richtweg des Flusses zerstört zuweilen sogar die Staatsgrenzen: beispielsweise kann ein Mann, der heute im Staate Mississippi lebt, infolge eines über Nacht erfolgten Durchbruches sich und sein Land morgen auf der andern Seite des Flusses wiederfinden, wo er im Gebiete des Staates Louisiana ist und unter dessen Gesetzen steht! Passierte derartiges in den früheren Zeiten am oberen Lauf des Flusses, so konnte es vorkommen, daß ein Sklave auf solche Weise von Missouri nach Illinois versetzt und zum freien Manne wurde.

Der Mississippi verändert sein Bett aber nicht allein durch diese Durchbrüche, sondern auch noch in anderer Weise, und zwar dadurch, daß er sich seitwärts bewegt. Bei „Hard Times" im Staate Louisiana fließt der Fluß jetzt zwei englische Meilen westlich von der Stelle, die er früher einnahm. Eine Folge davon ist, daß der ursprüngliche Ort dieser Niederlassung sich jetzt nicht mehr im Staate Louisiana befindet, sondern am andern Ufer, im Staate Mississippi liegt. *Fast die ganze eintausenddreihundert englische Meilen lange Strecke des alten Mississippi, welche La Salle vor zweihundert Jahren mit seinen Kanoes befuhr, ist jetzt guter, fester, trockener Boden.* An einzelnen Stellen fließt der Mississippi jetzt rechts, an anderen links von seinem alten Bette.

Während der Schlamm des Mississippi an der Mündung, wo die Wogen des Golfs ihn in Bewegung halten, nur langsam Land ansetzt, geschieht dies an besser geschützten Stellen weiter aufwärts um so viel schneller: beispielsweise maß die Propheteninsel vor dreißig Jahren nur eintausendfünfhundert Acker, die seitdem jedoch von dem Flusse um siebenhundert vermehrt worden sind.

Verlassen wir nun die physische Geschichte des Mississippi und wenden uns seiner historischen zu, wenn man so sagen darf. Die Welt und die Bücher pflegen das Wort „neu" so oft in Verbindung mit unserem Lande zu gebrauchen, daß man bald den dauernden Eindruck gewinnt, als sei an demselben überhaupt nichts Altes. Wir wissen natürlich, daß es in der amerikanischen Geschichte einige verhältnismäßig alte Daten giebt, allein die bloßen Ziffern vermögen unserem Geiste keine richtige Idee, kein bestimmtes Bild von der Zeitperiode, welche sie repräsentieren, zu geben. Wenn einer sagt, daß *De Soto,* der erste Weiße, welcher den Mississippistrom sah, ihn im Jahre 1542 erblickte, so ist das eine Bemerkung, welche eine bloße Thatsache angiebt, ohne sie zu erklären: es ist dasselbe, wie wenn man die Dimensionen der untergehenden Sonne nach astronomischen Maßen und ihre Farben mit den wissenschaftlichen Namen angiebt; man hat dann die bloße Thatsache des Sonnenunterganges, kann sich von demselben aber kein Bild machen. Ebenso hat das Datum 1542 an und für sich für uns wenig oder gar keine Bedeutung; erst wenn man einige benachbarte historische Daten und Thatsachen um dasselbe gruppiert, gewinnt es Perspektive und Farbe und zeigt, daß es zu denjenigen amerikanischen Daten gehört, die ein ganz respektables Alter besitzen.

De Soto warf nur einen flüchtigen Blick auf den Fluß, starb dann und wurde von seinen Priestern und Soldaten in demselben begraben. Man sollte meinen, daß die Priester und Soldaten – nach damaliger spanischer Sitte – die

Dimensionen des Flusses um das zehnfache vergrößert und dadurch andere Abenteurer veranlaßt hätten, sofort aufzubrechen, um ihn zu erforschen. Allein als ihre Schilderungen die Heimat erreichten, erregten sie keineswegs solch große Neugier, vielmehr verflossen volle einhundertunddreißig Jahre, bis der zweite Weiße den Mississippi besuchte. Heutigen Tages läßt man keinen so langen Zeitraum vorübergehen, wenn jemand etwas Wunderbares geschaut oder erlebt hat. Entdeckte jetzt jemand einen Bach in der Nähe des Nordpols, so würden Europa und Amerika sofort fünfzehn Expeditionen dorthin senden, die eine, um den Bach zu erforschen, die übrigen vierzehn, um sich gegenseitig aufzusuchen.

Schon länger als einhundertundfünfzig Jahre waren an der atlantischen Küste Ansiedelungen der Weißen gewesen. Diese Leute standen in innigster Verbindung mit den Indianern: im Süden wurden letztere von den Spaniern beraubt, abgeschlachtet, zu Sklaven gemacht und bekehrt; weiter hinauf trieben die Engländer Tauschhandel mit den Indianern um Perlen und wollene Decken und schenkten ihnen die Zivilisation und den Branntwein; und in Kanada brachten die Franzosen ihnen die Elementarlehren bei, schickten Missionare zu ihnen und zogen zeitweilig ganze Stämme nach Quebec und später nach Montreal, um ihnen Pelze abzukaufen. Diese verschiedenen Gruppen von Weißen mußten notwendigerweise von dem großen Flusse des fernen Westens vernommen haben; sie hatten auch tatsächlich von ihm gehört, aber in so flüchtiger und unbestimmter Weise, daß sie sich kaum ein Bild von dem Lauf, den Verhältnissen und der Lage des Stromes machen konnten. Gerade das Geheimnisvolle der Sache hätte die Neugier anfachen und zur Nachforschung anspornen sollen, allein das geschah nicht. Offenbar wollte zufälligerweise niemand solchen Fluß haben, niemand brauchte ihn, niemand war neugierig auf ihn, und so blieb denn der Mississippi anderthalb Jahrhunderte lang außerhalb des Marktes und ungestört. Auch De Soto suchte, als er den Mississippi auffand, keinen Fluß und hatte im Augenblick keine Verwendung dafür; infolgedessen maß er ihm auch keinen Wert bei und schenkte ihm keine besondere Beachtung.

Schließlich kam der Franzose *La Salle* auf den Gedanken, den Fluß aufzusuchen und zu erforschen. Sobald jemand auf eine vernachlässigte, aber wichtige Idee verfällt, tauchen bekanntlich stets allenthalben Leute auf, welche von demselben Gedanken beseelt sind, und so geschah es auch hier.

Naturgemäß wirft sich da die Frage auf: Weshalb wollten diese Leute den Fluß jetzt haben, nachdem niemand ihn während der vorhergehenden fünf

Generationen gewollt hatte? Offenbar weil man zu dieser späteren Zeit ein Mittel, ihn nutzbar zu machen, entdeckt zu haben meinte, denn man war zu der irrtümlichen Annahme gelangt, der Mississippi ergösse sich in den Golf von Kalifornien und böte daher einen kürzeren Weg für die Reise von Kanada nach China, während man vorher viel richtiger angenommen hatte, daß derselbe in das atlantische Meer oder die virginische See münde.

Der Fluß und seine Erforscher

La Salle suchte bei Ludwig XIV. unseligen Andenkens um gewisse wichtige Privilegien nach, die ihm vom Könige auch gnädigst gewährt wurden. Das hauptsächlichste derselben war das Recht, das Land fern und nah zu erforschen, Forts zu bauen, Kontinente abzustecken und sie dem Könige zu übergeben. Die Kosten mußte er selbst tragen. Als Gegenleistung erhielt er dafür einige kleine Vorteile der einen oder anderen Art und darunter namentlich das Monopol der Büffelhäute. La Salle brauchte mehrere Jahre und verschwendete fast sein ganzes Geld, um einige gefährliche und aufreibende Reisen von Montreal nach seinem von ihm am Illinois erbauten Fort zu machen, ehe es ihm schließlich gelang, seine Expedition in solchen Stand zu bringen, daß er mit derselben nach dem Mississippi aufbrechen konnte.

Mittlerweile hatten aber andere mehr Glück gehabt. Im Jahre 1673 durchkreuzten der Kaufmann Joliet und der Priester Marquette das Land und erreichten die Ufer des Mississippi. Sie hatten den Weg über die großen Binnenseen gemacht und dann von „Green Bay“ die Reise in Kanoes den Fox River und den Wiskonsin hinab fortgesetzt. Marquette hatte am Fest der unbefleckten Empfängnis den Schwur abgelegt, daß, wenn die heilige Jungfrau ihn den großen Fluß entdecken ließe, er denselben ihr zu Ehren Empfängnisfluß nennen wolle, und er hielt sein Wort. In damaliger Zeit gehörte zur Ausrüstung einer jeden Expedition eine Anzahl Priester; De Soto hatte deren vierundzwanzig und auch La Salle hatte einige bei sich. Oft fehlte es den Expeditionen an Fleisch und mangelte es ihnen an Kleidungsstücken, allein stets befanden sie sich im Besitz der für die Messe erforderlichen Gegenstände und Requisiten, und waren, wie einer der wunderlichen Geschichtsschreiber jener Zeit sich ausdrückte, immer bereit, „den Wilden die Hölle zu erklären.“

Am 17. Juli 1673 erreichten Joliet und Marquette nebst fünf Genossen in ihren Kanoes die Vereinigung des Wiskonsin mit dem Mississippi. „Vor ihnen – erzählt Parkman – kreuzte ihren Weg ein breiter und rascher Strom, der am Fuße von hohen, mit dichten Waldungen bedeckten Hügeln dahinfloß. Dann wandten sie sich seitwärts und ruderten den Strom hinab, an welchem die Einsamkeit auch nicht durch die allergeringste Spur von Menschen gestört wurde."

Während der Fahrt stieß ein großer Fisch, wahrscheinlich ein cat-fish, gegen das Kanoe Marquettes und erschreckte ihn, nicht ohne Grund, da er von den Indianern gewarnt und darauf aufmerksam gemacht worden war, daß er eine tollkühne und sogar gefährliche Reise mache, denn der Fluß enthalte einen Dämon, „dessen Gebrüll aus weiter Ferne zu hören sei und der ihn in den Abgrund, wo er sich aufhalte, hinabziehen werde." Ich selbst habe im Mississippi einen Fisch dieser Art von mehr als sechs Fuß Länge und zweihundertundfünfzig Pfund Gewicht gesehen, und wenn der Fisch Marquettes von ähnlicher Größe war, so konnte letzterer mit gutem Recht glauben, daß der brüllende Dämon des Flusses gekommen sei.

Endlich begann der Büffel sich zu zeigen, der auf den damals den Fluß begrenzenden Prairieen in Herden graste. Marquette beschreibt das wilde und bestürzte Aussehen der alten Bullen, „als sie durch wirre, sie fast blind machende Mähnen nach den Eindringlingen stierten."

Die Reisenden drangen vorsichtig weiter: „sie landeten bei Nacht und zündeten Feuer an, um ihre Abendmahlzeit zu kochen; löschten das Feuer dann aus, schifften sich wieder ein, ruderten eine Strecke weiter und legten sich dann im Strome vor Anker, während ein Mann bis zum nächsten Morgen Wache hielt."

Dies geschah Tag für Tag und Nacht für Nacht, und nach Ablauf von zwei Wochen hatten sie kein menschliches Wesen gesehen. Der Fluß war damals eine schreckliche Einöde und ist es auf einem Teile seines Laufes noch heute.

Gegen Ende der zweiten Woche entdeckten sie aber eines Tages im Schlamm am westlichen Ufer menschliche Fußspuren. Man hatte sie vor den Indianern am Flusse gewarnt, die so wild und erbarmungslos wie der Flußdämon sein und alle Fremdlinge vernichten sollten, auch wenn sie von diesen nicht gereizt würden; nichtsdestoweniger marschierten Joliet und Marquette ins Land hinein, um die Urheber der Fußspuren aufzusuchen. Sie fanden sie auch bald und wurden feierlich empfangen und gut behandelt, d. h. falls man von einem feierlichen Empfang reden darf, wenn der Indianerhäuptling, um sich im besten Lichte zu zeigen, seinen letzten Lappen vom Leibe nimmt, sofern es eine gute Behandlung ist, wenn Fisch, Fleischbrühe und andere Speisen, darunter auch Hundefleisch, einem im Überfluß vorgesetzt und diese Dinge einem von den bloßen Fingern der Indianer in den Mund geschoben werden. Am nächsten Morgen begleitete der Häuptling mit sechshundert seiner Stammesgenossen die Franzosen nach dem Flusse zurück und sagte ihnen in freundschaftlicher Weise Lebewohl.

Auf den Felsen oberhalb der jetzigen Stadt Alton fanden die Franzosen einige rohe und phantastische indianische Zeichnungen, die von ihnen beschrieben wurden. Eine kleine Strecke weiter abwärts „stürzte sich ein Strom gelben Schlammes quer in das ruhige blaue Wasser des Mississippi, kochend, brausend und Stämme, Äste und entwurzelte Bäume mit sich führend." Das war die Mündung des Missouri, „jenes wilden Flusses, der nach seinem tollen Laufe durch ein ungeheures unbekanntes Gebiet des Barbarentums seine trüben Fluten in den Schoß seiner sanfteren Schwester ergießt."

Dann kamen sie bei der Mündung des Ohio vorbei; sie passierten Rohrdickichte, kämpften gegen die Muskitos, trieben Tag für Tag durch die tiefe Stille und Einsamkeit des Flusses dahin, unter dem dürftigen Schatten der als Notbehelf dienenden Sonnenzelte schlummernd und in der Sonnenhitze bratend; sie trafen noch einen anderen Trupp Indianer, tauschten Höflichkeiten mit denselben aus und erreichten endlich, etwa einen Monat nach dem Aufbruch, die Mündung des Arkansas, wo ihnen eine Schar Wilder mit Kriegsgeheul entgegenstürmte, um sie zu ermorden, doch flehten sie zur heiligen Jungfrau um Hilfe, und anstatt eines Kampfes wurde ein Fest gefeiert, bei welchem freundschaftliche Unterhaltungen geführt und allerlei Kurzweil getrieben wurden.

Nach ihrer Überzeugung hatten sie nachgewiesen, daß der Mississippi sich nicht in den Golf von Kalifornien oder ins atlantische Meer ergösse; sie glaubten, er münde in den Golf von Mexiko, und kehrten um und brachten ihre große Neuigkeit nach Kanada.

Allein der Glaube ist noch kein Beweis, und es war La Salle vorbehalten, diesen Beweis zu liefern. Er wurde in ärgerlicher Weise bald durch diesen, bald durch jenen Unfall aufgehalten, allein schließlich brachte er um das Ende des Jahres 1681 seine Expedition doch in Gang. Mitten im Winter traten er und sein

Lieutenant Henry de Tonty, der Sohn Lorenzo Tontys, des Erfinders der Tontine, mit einem Gefolge von achtzehn Indianern, die sie von Neu-England mitgebracht hatten, sowie dreiundzwanzig Franzosen die Reise den Illinois hinab an, und zwar marschierten sie zu Fuß auf der Eisdecke des Flusses hin, während sie ihre Kanoes auf Schlitten hinter sich herzogen.

Nachdem sie beim Peoriasee offenes Wasser getroffen hatten, ruderten sie von dort nach dem Mississippi und wandten dann den Bug ihrer Fahrzeuge nach Süden. Sie arbeiteten sich durch die treibenden Eisfelder, an der Mündung des Missouri und später auch an derjenigen des Ohio vorüber, „glitten an den Einöden der den Fluß einfassenden Sümpfe vorbei und landeten am 24. Februar bei den „Dritten Chikasaw-Klippen“, wo sie Halt machten und das Fort Prudhomne anlegten.“

„Dann – erzählt Parkman – schifften sie sich wieder ein, und mit jedem Schritte ihrer abenteuerlichen Reise enthüllte sich ihnen mehr und mehr das Geheimnis dieser ungeheuren neuen Welt. Immer weiter kamen sie in das Reich des Frühlings: das verschleierte Licht der Sonne, die warme schwüle Luft, das zarte Laubwerk, die sich öffnenden Blüten waren ihnen Zeichen des wiedererwachenden Lebens der Natur.“

Tag für Tag trieben sie im Schatten dichter Waldungen die großen Biegungen des Flusses hinab, bis sie endlich bei der Mündung des Arkansas eintrafen. Anfänglich wurden sie von den Eingeborenen dieser Gegend in derselben Weise begrüßt, wie Marquette von ihnen empfangen war – mit dem Getöse der Kriegstrommel und dem Klirren der Waffen. Bei Marquette hatte die heilige Jungfrau die Schwierigkeit beseitigt, bei La Salle geschah dies durch die Friedenspfeife. Der weiße Mann und die Rothaut reichten sich die Hand und unterhielten sich drei Tage lang miteinander. Dann errichtete La Salle vor den staunend zuschauenden Wilden ein Kreuz mit dem französischen Wappen und nahm – nach der unverschämten Sitte jener Zeit – für den König Besitz von dem ganzen Lande, während der fromme Priester die Räuberei mit einer Hymne segnete. Um die Wilden zu retten, erklärte der Priester ihnen „mittelst Zeichen“ die Geheimnisse des Glaubens und entschädigte sie auf diese Weise durch mögliche Besitztümer im Himmel für die wirklichen auf Erden, deren man sie soeben beraubt hatte. Und in derselben Weise veranlagte La Salle diese einfachen Kinder des Waldes durch Zeichen dazu, daß sie Ludwig dem Verdorbenen, der sich jenseit des Wassers befand, huldigten. Niemand lächelte über solche kolossale Ironie.

Diese Förmlichkeiten geschahen an der Stelle, wo später die Stadt Napoleon im Staate Arkansas gebaut wurde. Dort wurde das erste Konfiszierungskreuz an den Ufern des großen Flusses errichtet. Die Entdeckungsreise Marquettes und Joliets endet an demselben Orte – der Stelle der zukünftigen Stadt Napoleon. Auch De Soto befand sich, als er in jenen fernen Zeiten den Blick auf den großen Fluß warf, an demselben Orte – der Stelle der zukünftigen Stadt Napoleon im Staate Arkansas. Mithin sind drei von den vier denkwürdigen Ereignissen, welche mit der Entdeckung und Erforschung des mächtigen Stromes verknüpft sind, zufälligerweise an einem und demselben Orte passiert. Es ist ein höchst seltsamer Zufall, wenn man darüber nachdenkt: Frankreich hat das ungeheure Land an dieser Stelle, der Stelle des zukünftigen Napoleon gestohlen, und später mußte Napoleon selbst das Land zurückgeben, allerdings nicht seinen Eigentümern, sondern den sie beerbenden weißen Amerikanern!

Die Reisenden setzten darauf die Fahrt fort, landeten hier und da, „passierten die später historisch gewordenen Stellen von Vicksburg und Grand Gulf“ und besuchten einen mächtigen Häuptling des Tachelandes, dessen ansehnliche Hauptstadt aus Backsteinen bestand, die an der Sonne getrocknet und mit Stroh vermischt waren. Jene Häuser waren meist besser, als man sie heute in der Gegend findet. Die Wohnung des Häuptlings besaß eine Halle von vierzig Quadratfuß Größe, wo derselbe, umgeben von sechzig in weiße Mäntel gehüllten Greisen, Tonty in vollem Staate empfing. Es befand sich auch ein Tempel in der Stadt, von einer Lehmmauer umgeben, die mit den Schädeln der der Sonne geopferten Feinde verziert war.

Darauf besuchten die Reisenden die Natchez-Indianer in der Nähe der Stelle, wo jetzt die Stadt dieses Namens steht; sie fanden dort „religiösen und politischen Despotismus, eine von der Sonne abstammende privilegierte Klasse, einen Tempel und ein heiliges Feuer“. Es muß ihnen also geschienen haben, als wären sie wieder in ihre alte Heimat zurückgekehrt, nur mit dem Vorteil, daß Ludwig XIV. hier fehlte.

Nach Verlauf einiger weiterer Tage stand La Salle unter seinem Konfiszierungskreuze am Zusammenfluß der Gewässer aus Delaware, Itaska und von den Bergketten am Pazifik mit denjenigen des Golfs von Mexiko: seine Aufgabe war beendet, sein Ziel erreicht. Parkman sagt am Schluß seiner interessanten Schilderung:

„An jenem Tage erhielt das französische Reich einen ungeheuren Zuwachs. Die fruchtbaren Ebenen von Texas, das ungeheure Becken des Mississippi, von den gefrorenen Quellen im Norden bis zu den heißen Küsten des Golfes, von den bewaldeten Abhängen des Alleghanygebirges bis zu den kahlen Spitzen der Felsenberge, ein Gebiet von Savannen und Wäldern, von der Sonnenhitze gespaltenen Wüsten und mit Gras bewachsenen Prairieen, von etwa tausend Flüssen bewässert und von tausend kriegerischen Stämmen bewohnt, kam unter das Szepter des Sultans von Versailles, und zwar durch eine schwache, menschliche Stimme, die kaum eine halbe englische Meile weit zu hören war."

Der Entwicklung von Handel und Verkehr schien nun nichts mehr im Wege zu stehen. Allein die Ansiedlung längs der Ufer vollzog sich ebenso ruhig, allmählich und langsam, wie die Entdeckung und Erforschung. Es vergingen siebzig Jahre nach der Erforschung des Flusses, ehe seine Ufer eine nennenswerte weiße Bevölkerung hatten, und beinahe weitere fünfzig Jahre, bis der Fluß einen Verkehr bekam. Der erste Verkehr des Stromes fand in großen Leichtern und Flachboten statt, die von den oberen Flüssen nach New-Orleans hinabtrieben oder segelten, dort ihre Ladungen austauschten und in mühevoller Weise vermittelst „Warpanker" und „Staken" zurückgebracht wurden. Eine Reise den Fluß hinab und wieder zurück nahm zuweilen neun Monate in Anspruch. Mit der Zeit nahm dieser Verkehr zu, bis derselbe ganzen Scharen rauher, abgehärteter Leute Beschäftigung gab, ungebildeten aber braven Burschen, welche die fürchterlichsten Strapazen mit seemännischem Stoicismus ertrugen, stark tranken, an rohen Vergnügungen und Faustkämpfen Gefallen fanden, ihr Geld vergeudeten, am Ende der Reise bankerott waren, barbarischen Schmuck liebten und in der fürchterlichsten Weise prahlten; im großen und ganzen aber Leute, die ehrlich, zuverlässig, pflichtgetreu und oft romantisch großmütig waren.

Nach und nach trat dann das Dampfboot auf. Etwa fünfzehn bis zwanzig Jahre setzten diese Leute ihre Flachbootfahrten stromab noch fort, während die Dampfboote den ganzen Verkehr stromaufwärts besorgten. Die Flachbootbesitzer verkauften ihre Fahrzeuge in New-Orleans und kehrten als Deckspassagiere auf den Dampfern in die Heimat zurück.

Nach einer Weile nahmen die Dampfboote so sehr an Zahl und Schnelligkeit zu, daß sie den ganzen Verkehr bewältigen konnten, und nun ging die Flachbootfahrt ihrer vollständigen Auflösung entgegen. Die Flachbootleute wurden Deckarbeiter, Steuerleute und Lotsen auf den Dampfern, oder suchten, wenn sie auf diesen nicht ankommen konnten, Beschäftigung auf den Pittsburger Kohlenleichtern oder den in den Wäldern am oberen Mississippi gebauten Flößen von Fichtenholz.

In der regsten Zeit der Dampfschiffahrt war der Fluß von einem Ende bis zum anderen mit Kohlenleichtern und Holzflößen bedeckt, die sämtlich von Menschenkraft bewegt wurden und großen Scharen jener vorstehend geschilderten, rauhen Charaktere Beschäftigung gaben. Ich erinnere mich wohl noch der mächtigen Flöße, welche während meiner Knabenzeit alljährlich in ganzen Prozessionen bei Hannibal vorbeizugleiten pflegten, jedes von weißen, lieblich nach Harz duftenden Planken, beinahe einen „Morgen" Fläche einnehmend, bedeckt. Sie hatten meistens eine Mannschaft von zwei Dutzend oder mehr Leuten und trugen auf dem geräumigen Deck drei bis vier Hütten zum Schutz gegen Sturm und Wetter. Die rauhen Manieren und prahlerischen Gespräche der Flößer sind mir ebenfalls noch in guter Erinnerung, da wir oft eine Viertelmeile oder weiter in den Fluß hinaus zu schwimmen pflegten, um auf die Flöße zu klettern und eine Strecke mitzufahren.

Knabenjahre am Mississippi

Als ich ein Knabe war, gab es unter meinen Kameraden in unserem Heimatsort am westlichen Ufer des Mississippi nur *einen* beständigen Ehrgeiz. Es war der: ein „Dampfbootmann" zu werden. Wohl hatten wir hin und wieder flüchtige Begierden anderer Art, aber sie waren nur vorübergehend. Wenn ein Zirkus erschien und wieder davonzog, so brannten wir eine Zeitlang nach der Lebensstellung eines Clowns. Die erste Negerminstrel-Gesellschaft,welche in unsrer Gegend auftauchte, erweckte die Begierde in uns, es mit diesem Beruf zu versuchen. Und es gab sogar Zeiten, in denen wir ernstlich hofften, Gott würde uns, wenn wir gesund und am Leben blieben, Seeräuber werden lassen. Aber alle diese Wünsche und Träume zerrannen wieder, wie sie gekommen waren. Nur der Ehrgeiz, ein Dampfbootmann zu werden, blieb fest in unsren Seelen.

Einmal an jedem Tag kam ein kleines Packboot stromaufwärts von St. Louis, ein anderes thalabwärts von Keokuk, und legten jedesmal bei unserm Städtchen an. Ehe sich dieses Doppelereignis vollzogen hatte, war alles Leben und Erwartung. Sobald es vorüber war, wurde der Tag öde und leer. Noch heute, nach

Verlauf all der Jahre, kann ich mir ein getreues Bild von damals machen: die weißen, im Sonnenschein eines heißen Sommermorgens träumenden Häuser; die Gassen öde oder doch nahezu so; vor den Läden der Uferstraße ein oder zwei Commis, die auf ihren hintenüber an die Wand gelehnten Holzstühlen eingeschlafen waren – das Kinn auf der Brust, den Schlapphut tief über das Gesicht gezogen – rings herum eine Menge Holzschnitzel und Spähne, die über den Zeitvertreib, welcher sie derartig erschöpft hatte, keinen Zweifel ließen; auf dem Seitenweg spazierte ein Mutterschwein mit seinen Jungen und thaten sich an Abfällen von Wassermelonen gütlich; am Landungsplatz lagen zwei oder drei Haufen von Frachtstücken und ein Ballen Häute umher, in deren Schatten der alkoholduftende Trunkenbold des Ortes seinen Morgenrausch verschlief; am Ende der Landungsbrücke schaukelten ein paar Flachboote auf dem Wasser, aber nirgends war eine Menschenseele, um dem leisen Getön der anschlagenden Wellen zu lauschen; und endlich der große und majestätische Mississippi mit seiner meilenbreit in der Sonne leuchtenden Flut, den dichten Waldungen des entgegengesetzten Gestades und seinen Landzungen oberhalb und unterhalb des Städtchens, wodurch er den Blick begrenzt und wie ein stiller und großartiger See erscheint. Plötzlich steigt ein schwarzes Rauchwölkchen hinter einer jener fernen Landzungen empor und ein farbiger Lastträger, weit berühmt durch sein scharfes Auge und seine Stentorstimme, stößt den Ruf aus: „D-a-mpf-b-o-o-t k-o-mmt“, und wie mit einem Zauberschlag ist die Szene verwandelt! Der Ortstrunkenbold reibt sich die Augen; die Ladendiener erwachen; Wagenrasseln und Karrenrollen ertönt; jedes Haus und jeder Laden entsendet einen Beitrag in Menschengestalt zu dem plötzlich das Ufer erfüllenden Leben, und im Handumdrehen ist das ganze Städtchen, eben noch Schlaf und Tod, ganz und gar Leben und Bewegung. Lastwagen, Schubkarren, Packträger, Arbeiter, Männer und Knaben hasten und eilen von allen Seiten her nach dem gemeinsamen Ziel des Landungsplatzes. Dort angelangt heften sich alle Blicke auf das herandampfende Boot, als wäre es ein Wunder, das sich ihnen zum erstenmale enthüllt. Und es ist auch thatsächlich ein wunderhübscher Anblick – dieses Boot, wie es scharf, sicher und selbstbewußt einherbraust. Es hat zwei hohe, oben verzierte Rauchfänge, zwischen denen ein goldenes Emblem in der Sonne glitzert; das ganz aus Glas und zierlichem Holzwerk bestehende Pilotenhäuschen ragt vom obersten Deck wie ein Zuckerbäckerkunstwerk empor; die Radkasten tragen die Namen des Bootes inmitten eines goldenen Strahlenkranzes; die verschiedenen Decks sind von sauberen weißen Geländern eingefaßt; vom Flaggenstock flattert grüßend eine prächtige Flagge hernieder;

die Thüren des Heizraumes sind weit geöffnet, und die Feuer glühen lustig; die oberen Decks sind ganz schwarz voll Passagiere; der Kapitän steht oben neben der großen Glocke, stattlich und ruhig – die Bewunderung und der Neid aller; große, schwarze Massen chaotischen Rauches quellen aus den Schornsteinen – ein billiges Schauspiel, das von den Heizern dadurch hervorgebracht wurde, daß sie kurz vor der Ankunft an einem Halteplatz ein Stück harziges Pitch-Pine (das amerikanische Tannenholz) in die Feuer warfen; die Mannschaft ist auf dem Vorderdeck gruppiert; die Landungsbrücke ragt über die Seite des Boots hervor, und der beneidenswerteste aller Matrosen steht, das Ende eines dicken Taues in der Hand, malerisch und weithin sichtbar auf ihr. Jetzt tönt ein lautes Schrillen aus dem kleinen Dampfrohr, der Kapitän hebt die Hand, eine Glocke läutet, die Räder stoppen, dann schlagen sie rückwärts, das Wasser zu Schaum peitschend, und der Dampfer steht regungslos. Nun entsteht ein toller Wirrwarr, indem die einen ans Land, die andern an Bord drängen, und gleichzeitig die Frachtstücke eingeladen und ausgeladen werden; – dazwischen schreit und flucht die Mannschaft, um sich die Arbeit zu erleichtern. Zehn Minuten später, und alles ist vorüber; der Dampfer ist wieder in Fahrt; schon treibt er mitten im Strom dahin, ohne Flagge am Stock und ohne das Schauspiel qualmender Schornsteine. Nach abermals zehn Minuten verschwindet er hinter der entgegengesetzten der beiden Landzungen, und der Ort ist in seine alte Totenstille und der Ortstrunkenbold in seinen Schlummer neben den Häuten zurückgesunken.

Mein Vater war Friedensrichter des Städtchens und ich glaubte nicht anders, als daß er Gewalt über Leben und Tod aller übrigen Menschen besaß, und jeden, der ihn ärgerte, hängen lassen konnte. Das war genug, um mein Selbstgefühl zu befriedigen, aber der Wunsch, ein Dampfbootmann zu werden, machte sich trotzdem mit immer wachsender Stärke geltend. Zuerst wünschte ich Kajütsjunge zu werden, damit ich beim Anlegen des Bootes in einer weißen Schürze erscheinen und ein Tafeltuch über das Geländer hinweg ausschütteln konnte, wo mich alle meine früheren Kameraden sehen konnten. Später hielt ich es für begehrenswerter, der Matrose zu sein, welcher bei Ankunft des Dampfers mit dem Tau in der Hand auf dem Ende des vorgeschobenen Landungssteges steht, weil derselbe ganz besonders auffällt. Aber das waren nur Träume – zu himmlisch, um auch nur ferne die Annahme, daß sie je Wahrheit werden könnten, aufkommen zu lassen.

Eines Tages verschwand einer unserer Kameraden in der geheimnisvollsten Weise. Wochen und Monate hörte man nichts von ihm. Endlich sahen wir ihn wieder – sahen ihn wieder als Maschinistengehilfen auf einem Dampfboot! Dieser Vorfall schlug das ganze Gebäude meiner in der Sonntagsschule erworbenen Moral in Trümmer. Jener Knabe war von jeher ein notorisches Weltkind gewesen – während ich das gerade Gegenteil war. Und doch hatte ihn das Schicksal so hoch gehoben – während es mich in Dunkelheit und Jammer schmachten ließ. Er trug sein Glück und seine Größe ziemlich protzig zur Schau. Er wußte es stets so einzurichten, daß er, während sein Boot anlegte, irgend etwas zu putzen hatte, und dann stellte er sich gerade so zu seiner Arbeit, daß wir ihn alle sehen und beneiden konnten. Und allemal, wenn sein Boot bis zum nächsten Tage rastete, besuchte er seine Eltern und stolzierte in der Stadt herum in seinen schwärzesten und fettigsten Kleidern, so daß es absolut niemandem entgehen konnte, daß er ein Dampfbootmann sei. Zu gleicher Zeit bediente er sich in seiner Ausdrucksweise mit besonderem Fleiß allerlei technischer, auf Dampfschiffen gebräuchlicher Bezeichnungen und Redewendungen, als sei er so daran gewöhnt, daß er an die gewöhnlichen Menschen, welche nichts davon verstanden, gar nicht dachte. Er konnte von der „Backbordseite" eines Pferdes in einer so ungezwungenen und natürlichen Weise sprechen, daß er den Gutmütigsten von uns wütend machte. Und dann schwatzte er immer von „Saint Lu-u-y", mit einer Betonung, als wäre er einer der ältesten Bewohner jener wundervollen Stadt, und erzählte von dem letzten Feuer daselbst, welches er hatte löschen helfen, und rechnete uns vor, wie vielemale unsre Stadt abbrennen müßte, ehe wir den Ruhm einer solchen Feuersbrunst in Anspruch nehmen dürften. Zwei oder drei von uns hatten sich lange eines besonderen Ansehens erfreut, weil sie einmal in St. Louis gewesen waren und eine vage Idee von seinen Wundern hatten – aber mit ihrem Glanze war es nun aus und vorbei. Sie verfielen in demütiges Stillschweigen und suchten sich zu drücken, so oft der widerwärtige „Maschinistenaffe" erschien. Und nicht genug damit, der Bursche hatte auch Geld und Haaröl dazu. Selbst eine höchst anmaßliche Silberuhr mit einer ganz unleidlich blitzenden Tombakkette besaß er. Hosenträger verachtete er und trug statt ihrer einen ebenso albernen wie auffallenden Lederriemen. Wenn je ein junger Mensch von seinen Kameraden bewundert und gehaßt wurde, so war es dieser. Kein Mädchen konnte ihm widerstehen. Er stach jeden Burschen im Orte aus. Als endlich sein Boot in die Luft flog, erfüllte dies unsre Gemüter mit einer stillen Freude und einer Beruhigung, wie wir sie seit Monaten nicht gekannt hatten. Als er aber eine Woche danach wieder leibhaftig im

Städtchen ankam, und über und über mit Pflastern und Binden bedeckt am Sonntag in der Kirche erschien, ein strahlender Held, angestarrt und angestaunt von jedermann: da schien es uns denn doch, als habe die Parteilichkeit der Vorsehung für ein unwertes Reptil einen Grad erreicht, daß die übrige Menschheit zur Kritik herausgefordert wurde.

Das Leben und die Laufbahn dieses Geschöpfes konnte nur eine Folge haben, und dieselbe ließ nicht lange auf sich warten. Knabe um Knabe ging auf den Fluß! Der Sohn des Geistlichen wurde Maschinist; die Söhne des Doktors und des Postmeisters erlangten Stellungen als Gepäck- und Frachtschreiber. Der des Spirituosenhändlers brachte es zum Schenkwirt auf einem Missouriboot. Die vier Jungen des Hauptellenwarenhändlers des Ortes und die zwei des Bezirksrichters endlich wurden Lotsen. Lotsen war das Höchste von allem. Selbst in jenen Zeiten der Sparsamkeit und der geringen Bezahlungen erhielt ein Lotse einen fürstlichen Gehalt: hundertfünfzig bis zweihundertfünfzig Dollars den Monat und alles frei. Zwei Monate seines Einkommens kamen dem Jahresgehalt eines Geistlichen gleich! Man denke sich die Verzweiflung derer von uns, die zurückbleiben mußten, die nicht – wenigstens nicht mit dem Willen ihrer Eltern – auf den Fluß durften!

Und so geschah es denn eines Tages – daß ich durchging! Ich schwur mir zu, niemals zurückzukehren, außer als Lotse und in vollster Glorie. Aber wie ernst ich es auch meinte – es wollte und sollte mir damit nicht glücken. Ich machte in aller Bescheidenheit meine Aufwartung an Bord verschiedener Dampfer, welche, Sardinen gleich zusammengeschichtet, längs der Werft von St. Louis lagen und erkundigte mich demütig nach den Lotsen; wurde aber von den Matrosen und sonstigen Angestellten kurz und kühl abgewiesen. Wohl oder übel mußte ich mir diese Behandlung gefallen lassen und tröstete mich mit den Bildern einer besseren Zukunft, wenn ich ein großer und berühmter Lotse sein würde, mit Geld genug, um einem Heer von diesen Matrosen und Schreibern den Garaus zu machen und den Schaden zahlen zu können.

Drei Monate später – und diese und ähnliche Hoffnungen hatten den Todeskampf in mir gekämpft. Ich erwachte eines Morgens ohne irgend einen Ehrgeiz, aber ich schämte mich, nach Hause zurückzukehren. Ich befand mich gerade in Cincinnati und entschloß mich, an die Wahl eines neuen Lebensberufes zu gehen. Der Zufall wollte, daß ich kurz vorher von den neuesten Entdeckungen im Gebiet des Amazonenstromes durch eine von unsrer Regierung dahin entsendete Erforschungsexpedition gelesen hatte. Es war darin gesagt, daß infolge gewisser unüberwindlicher Schwierigkeiten ein Teil des fraglichen Gebietes, der an den Quellen des Stromes etwa 4000 Meilen von seiner Mündung entfernt lag, unerforscht hatte bleiben müssen. Von Cincinnati nach New-Orleans war es nicht ganz fünfzehnhundert Meilen. Ich hoffte bestimmt, dort ein Schiff zu finden, um damit den Rest der acht- bis zehntausend Meilen nach den Quellen des Amazonenstromes zurückzulegen. Ich hatte gerade noch dreißig Dollars übrig – was konnte ich Besseres damit thun, als hingehen und die Erforschung des Amazonenstromgebietes vollenden? Weitere Gedanken machte ich mir bei der Sache nicht. Es ist nie meine Stärke gewesen, mich mit Kleinigkeiten und Einzelheiten abzugeben. Ich packte meinen Handkoffer und nahm auf einem der ältesten „Kasten", der den Ohio und Mississippi damals unheimlich machte, dem „Paul Jones", Passage nach New-Orleans. Für den Betrag von sechzehn Dollars hatte ich den Vorteil, alleiniger Inhaber der verwitterten und abgeschabten Pracht des „Hauptsalons" zu sein, da das Boot jeden Vorzug der Welt besaß, nur den nicht, anspruchsvollere oder weisere Reisende anzuziehen.

Als wir nun den breiten und grünen Ohio hinabkeuchten, wurde ich plötzlich ein neues Wesen und der Gegenstand meiner eignen Bewunderung. Ich war ein Reisender! Nie schien mir ein Wort in meinem Munde einen so wundervollen Klang gehabt zu haben. Ich hatte ein überströmendes Gefühl, ein schwellendes Bewußtsein in mir, mich auf dem besten Wege nach den geheimnisvollsten Ländern, nach den entlegensten Klimaten zu befinden, – ein Gefühl und ein Bewußtsein, wie ich sie seitdem nie wieder gehabt habe. So erhebend und verklärend waren beide, daß alles unedle Fühlen von mir wich, und ich es sogar über mich vermochte, auf die nicht reisende Welt mit einem Mitleid herabzublicken, welches durch keine Beimischung von Verächtlichkeit entadelt wurde. Dennoch konnte ich es mir nicht versagen, wenn wir an kleinen Städtchen und sonstigen Uferplätzen anlegten, mich nachlässig über das Geländer des obern Decks zu lehnen und mich in dem Neide zu sonnen, den ich der am Landungsplatz versammelten Jugend einflößte. Schien es mir, als ob sie mich nicht entdecken wollte, so hustete ich wohl oder schneuzte mich mit möglichster Deutlichkeit, um ihre Aufmerksamkeit zu erregen, oder suchte mir einen Platz aus, wo nichts sie davor retten konnte, mich zu sehen. Und sobald sie mich sahen, begann ich zu gähnen, mich zu dehnen und zu räkeln, mit einem Wort in allen jenen Kundgebungen zu ergehen, durch die ein Reisender seine

Ermüdung und seinen Widerwillen gegen das Reisen zu erkennen zu geben pflegt.

Gleichzeitig hatte ich es mir zur Regel gemacht, barhaupt einherzugehen und mich möglichst an Plätzen aufzustellen, wo Sonne, Wind und Wetter uneingeschränkte Verfügung über mein Gesicht hätten – alles nur, um das Ansehen eines echten, bronzierten, verwitterten Reisenden zu bekommen. Und in der That, ehe der zweite Tag vorüber war, empfand ich eine Genugthuung, die mich ganz und gar mit Seligkeit erfüllte, denn ich bemerkte, daß meine Haut am Hals und im Gesicht sich abzuschälen begann. Ich wollte nur, die Knaben und Mädchen in meiner Heimat hätten mich jetzt sehen können.

Wir kamen rechtzeitig nach Louisville – oder doch wenigstens in die Nähe, gerieten aber auf die mitten im Fluß befindlichen Felsen und blieben hier so fest sitzen, daß wir erst nach vier Tagen weiter kamen. Was mich anbelangt, so erweckten die gemeinsam überstandenen Schwierigkeiten und Gefahren ein ebenso unwillkürliches wie starkes Gefühl der Zugehörigkeit zu dem Fahrzeug und der auf ihm heimischen Personen in mir. Ich kam mir wie eine Art Sohn des Kapitäns oder ein jüngerer Bruder der Offiziere vor, und vergebens würde ich mich bemühen, dem Stolz Worte zu leihen, der ob dieser eingebildeten Würde mein Herz schwellte, oder die Hingebung zu schildern, die mich an diese Menschen kettete. Allerdings wußte ich damals noch nicht, welche geringe Wertschätzung der flußbeherrschende Dampfbootsmann für derartige Empfindungen einer anmaßenden Landratte zu hegen pflegt! Nur zu bald sollte ich es erfahren.

Vor allen Dingen war es der riesige erste Steuermann, von dem ich um's Leben gern irgend ein geringes Zeichen der Beachtung erhalten hätte. Mit ängstlicher Aufmerksamkeit lauerte ich auf die Gelegenheit, durch eine kleine Gefälligkeit oder einen Dienst mir diese Gunst des Schicksals zu gewinnen. Endlich bot sie sich dar. Unter dem bei dergleichen Anlässen üblichen Spektakel wurde eine neue Spiere (Ladebaum) auf dem Vorderdeck angebracht. Ich stand in bescheidener Zurückhaltung in der Nähe und sah zu, als plötzlich der Steuermann nach einer Handspake rief. Im Nu war ich an seiner Seite: „Sagen Sie nur, wo sie ist, und ich hole sie.“ Wenn ein Lumpensammler der New-Yorker Waterstreet sich plötzlich dem Kaiser von Rußland zu einer diplomatischen Sendung zur Verfügung stellen würde, so könnte dieser in kein größeres Erstaunen versetzt werden, als mein riesiger Steuermann durch mein kleines Anerbieten, ihm die Handspake zu holen. Sogar sein Fluch blieb ihm in der Kehle stecken. Er stand regungslos und starrte zu mir nieder. Mindestens zehn Sekunden kostete es ihm, bis er seine gebannten Geister wieder gesammelt hatte. Dann stieß er mit einem mir unvergeßlichen Ausdruck die Worte hervor: „Well, wenn das nicht über den Teufel geht –“, und machte sich wieder an die Arbeit mit der Miene eines Mannes, dem eben etwas ganz Besonderes in die Quere gekommen war.

Ich schlich mich hinweg und begrub mich für den Rest des Tages in die Einsamkeit meiner Koje. Ich ging nicht zum Mittagessen, und selbst am Abendtisch erschien ich erst, als alle übrigen längst fertig waren. Mein Zugehörigkeitsgefühl zu der Schiffsfamilie war jetzt lange nicht mehr so stark wie vordem. Erst allmählich kehrte mein Mut und mein Selbstvertrauen wieder zurück. Es that mir leid, daß ich gegen den Steuermann mit so bitterem Haß erfüllt war, denn man konnte nicht anders als ihn bewundern. Er war sechs Schuh hoch und hatte die Kraft eines Stiers. Sein Gesicht war ganz und gar bärtig. Auf seinem rechten Arm war eine rote und eine blaue Frau tättowiert, jede mit einem blauen, an rotem Seile hängenden Anker zur Seite. Und endlich war er die Vollkommenheit selbst im Fluchen. Wenn unter seiner Aufsicht Ladung gelöscht oder eingenommen wurde, so stellte ich mich immer so, daß ich alles hören und sehen konnte. Er fühlte die ganze Größe seiner Stellung und versäumte auch keine Gelegenheit, sie der Welt fühlbar zu machen. Selbst den einfachsten Befehl erteilte er, als gelte es, einen plötzlichen Blitz zu schleudern und mit einem lange anhaltenden Donner von Verwünschungen zu begleiten. Man konnte nicht umhin, die Art und Weise, in der eine gewöhnliche Landratte einen Befehl erteilen würde, mit der Großartigkeit, mit der dieser Steuermann es that, zu vergleichen. Eine Landratte, die den Landungssteg um einen oder zwei Fuß weiter vorangeschoben haben wollte, würde sich etwa wie folgt ausgedrückt haben: „James oder William – sei einer von euch so gut, das Brett da vorzuschieben!“ Mein Steuermann dagegen ließ aus derselben Veranlassung den folgenden Wortkatarakt los: „Hier, Jungens, das Gangbrett voran! Verd–t noch einmal, vorwärts – sag' ich. Was sagt er? Haut ihn auf den Schnabel! Hierher – hier! So, Jungens, – noch ein Stück, – noch eins! Verwünscht, Herr, wollen Sie auf dem Brett einschlafen – oder darauf wohnen bleiben? Weiter nach hinten, sag' ich. Genug so! Oder soll es gleich hinten über Bord, he? Wohin geht ihr mit dem verd–ten Faß da? Wenn ihr nicht gleich macht, daß ihr mir damit aus den Augen kommt, laß' ich's euch gleich verschlucken oder ich will des Teufels sein, ihr verd–es Zwitterding von Schildkröte und lahmem Esel!“

Und da sollte man dabeistehen und *nicht* von dem Wunsch verzehrt werden, ebenso sprechen zu können?!

Als sich meine Beschämung und mein Kummer über das Abenteuer mit dem Steuermann etwas zu legen begonnen, richteten sich meine Blicke auf den letzten und bescheidensten Angestellten des Bootes, den Decknachtwächter, und ich beschloß, wenigstens mit diesem ein persönliches Verhältnis zu erzwingen. Zwar wies auch er meine Annäherungsversuche zuerst in der unfreundlichsten Art zurück, als ich ihm jedoch eine neue Thonpfeife schenkte, wurde er weicher. Erst erlaubte er mir, mit ihm auf dem Sturmdeck bei der großen Glocke zu sitzen, dann schmolz seine Zurückhaltung in zusammenhanglos hingeworfene Worte, und endlich schlossen sich diese zu einer vollständigen Unterhaltung zusammen. Es blieb ihm wohl nichts anderes übrig. Ich hing mit solcher Hingebung an seinen Lippen und machte aus meinen Empfindungen so wenig ein Hehl, daß es ihm nicht entgehen konnte, wie sehr mich seine Herablassung beglückte und erhob. Er nannte mir die Namen von dämmernden Ufervorsprüngen und dunkeln Flußinseln, als wir in der feierlichen Nacht unter dem friedlichen Blinken der Sterne daran vorüberglitten, und schließlich kam er auch auf sich selbst zu sprechen. Für einen Menschen, dessen wöchentlicher Gehalt sechs Dollars betrug, war er vielleicht ein wenig zu gefühlvoll, oder richtiger gesagt, er hätte einer ältern und erfahrenern Person als mir leicht so erscheinen können. Aber ich trank seine Worte in mein dürstendes Gemüt und nahm sie mit einer Gläubigkeit auf, die Berge hätten versetzen müssen, wenn man sie hiezu verwendet hätte. Was scherte es mich, daß er schäbig aussah und schmierig war, und daß er auf weite Entfernungen nach Genever duftete? Was scherte es mich, daß seine Grammatik schlecht, seine Aussprache noch schlechter war und daß die Art, wie er das unerläßliche Fluchen betrieb, so sehr jedes künstlerischen Hauches entbehrte, daß es seine Unterhaltung, anstatt ihr einen höheren Reiz zu verleihen, vielmehr beeinträchtigte? Er war ein Mann, dem übel mitgespielt worden war, der stürmische Zeiten gesehen, der gelitten hatte. Das war für mich entscheidend. Als ich seinen Stolz soweit überwunden hatte, daß er mir seine traurige Geschichte erzählte, fielen ihm Thränen von den Wimpern auf die Laterne in seinem Schoß, und ich schluchzte vor Mitgefühl laut auf. Er teilte mir mit, daß er der Sohn eines englischen Edelmanns sei, – er wußte nicht recht, ob eines Grafen oder eines Ratsherrn, meinte aber, wahrscheinlich von beiden. Sein Vater liebte ihn zärtlich, aber seine Mutter haßte ihn von der Wiege an. Noch als kleiner Knabe wurde er nach einem von den „alten, uralten Kolleges geschickt“, – er erinnerte sich nicht mehr recht, nach welchem. Dann starb sein Vater plötzlich, und die Mutter riß das ganze Vermögen an sich und setzte ihn „vor die Thüre“. In dieser Lage boten verschiedene Mitglieder der englischen Aristokratie, mit denen er aufgezogen worden, ihren ganzen Einfluß auf, um eine Volontär-Schiffsjungenstelle auf einem Westindienfahrer zu besorgen. Und so war er aufs Wasser gekommen. Einmal bei diesem Punkt in seiner Lebensgeschichte angelangt, verlor mein Nachtwächter jeden Faden, und die Fortsetzung seiner Erzählung war nur noch ein einziges Chaos von Daten, Örtlichkeiten, Namen und unglaublichen Abenteuern, eine epische Sündflut, so voller Schrecknisse und um eines Haares Breite abgewendeter Lebensgefahren, so strotzend von bewußter und unbewußter menschlicher Schlechtigkeit und so triefend von Blut und Thränen, daß ich sprachlos dasaß, lauschend, bewundernd, staunend und anbetend!

Es war kein kleiner Schmerz für mich, als ich später dahinterkam, daß er ein gemeiner, unwissender, sentimentaler, halbverrückter Schwindler war, ein nie in der Welt gewesener Eingeborner der Wildnisse von Illinois, welcher eine Unmasse von Kolportageromanen verschlungen und ihre Ungeheuerlichkeiten in sich aufgenommen hatte, bis er am Ende aus den verschiedensten Fäden seine eigene wirre Geschichte zusammengewoben, die er unerfahrenem, halb flüggem Volke, wie mir, erzählte, bis er schließlich selbst daran glaubte.

Ich gehe in die Lehre

Die vier Tage, welche wir auf dem Felsen bei Louisville festlagen, und einen oder den anderen sonstigen Aufenthalt mit eingerechnet, verscherzte der arme alte „Paul Jones“ mit der Fahrt von Cincinnati nach New-Orleans volle zwei Wochen. Das gab mir denn endlich doch eine Gelegenheit, mit einem der Steuermänner bekannt zu werden, der sich sogar endlich herbeiließ, mich die Handgriffe seines Rades und die Bewegungen seines Bootes zu lehren, und dadurch den Zauber, den das Flußleben auf mich ausübte, zu einem gewaltigeren als je zuvor machte.

Auch gab es mir Gelegenheit, die Bekanntschaft eines Jünglings zu machen, der im Zwischendeck fuhr und dadurch meine Teilnahme erregte. Er borgte mir mit Leichtigkeit sechs Dollars ab, unter dem Versprechen, am Tage nach unserer

Landung auf das Boot zurückzukehren und das Geld zurückzuzahlen. Indessen – er muß gestorben sein oder die Sache vergessen haben, denn er kam nicht. Wahrscheinlich war das erstere der Fall, da er mir von seinen Eltern erzählt hatte, daß sie vermögend seien, und er nur deshalb im Zwischendeck fahre, weil es kühler sei.

In New-Orleans entdeckte ich sehr bald zwei Dinge. Erstens, daß es nicht sehr wahrscheinlich sei, daß ein Schiff vor zehn bis zwölf Jahren von dort nach der Mündung des Amazonenstromes segeln werde. Und zweitens, daß selbst, wenn ich so lange warten könnte, die neun oder zehn Dollars, die ich noch in der Tasche hatte, zur Ausführung eines so großartigen Unternehmens, wie ich es im Kopfe hatte, nicht hinreichen würden. Daraus ergab sich denn die Notwendigkeit für mich, auf eine neue Karriere zu sinnen. Ich unternahm eine regelrechte Belagerung meines Lotsen und hatte den Triumph, ihn nach drei Tagen kapitulieren zu sehen. Er verpflichtete sich, mich für eine von den ersten Verdiensten meiner künftigen Lotsenstellung zu bezahlende Summe von fünfhundert Dollars den „Mississippi von New-Orleans bis St. Louis hinauf zu lehren," und ich stürzte mich in das geringfügige Wagnis, das darin bestand, zwölf- bis dreizehnhundert Meilen des großen Mississippistroms zu „lernen" mit der ganzen Selbstvertrauensseligkeit meiner Jahre. Hätte ich allen Ernstes eine Vorstellung von dem gehabt, was ich meinen Fähigkeiten zuzumuten im Begriff stand, ich würde sicherlich den Mut nicht gefunden haben, es auch nur anzufangen. Ich nahm einfach an, daß ein Lotse nichts weiter zu thun habe, als sein Boot im Strome zu halten, und da derselbe so breit war, hatte ich keine Ahnung davon, welch ein Kunststück das sei.

Wir gingen um vier Uhr nachmittags von New-Orleans ab, und bis acht Uhr war „unsere Wache". Herr Bixby, mein Chef, richtete das Boot, lenkte es haarscharf längs den Achterenden der übrigen, am Quai liegenden Dampfer hin und sagte dann zu mir: „Da, nimm das Ruder und halte so dicht an den andern Booten vorbei, als gelte es, einen Apfel zu schälen." Ich ergriff das Rad, aber das Herz schlug mir bis in den Hals hinauf. Es schien mir ein Ding der Unmöglichkeit, an den Schiffen so dicht vorbeizukommen, ohne einem jeden die Seitenwand einzudrücken. Ich hielt den Atem an und begann sofort aus dem Verderben herauszusteuern. Ich hütete mich wohlweislich, es auszusprechen, hatte aber doch meine eigene Ansicht, von einem Lotsen, der nichts Besseres zu thun wußte, als uns in eine solche Gefahr zu stürzen. In einer halben Minute hatte ich einen breiten Streifen rettenden Wassers zwischen dem „Paul Jones" und die Schiffe am Ufer gebracht, – und nach Verlauf weiterer zehn Sekunden war ich mit Schimpf und Schande beiseite geschleudert, Herr Bixby aber steuerte unter einer wahren Sturzflut von Schmähungen, die er über mich ausströmte, aufs neue in das Unheil zurück. Ich war aufs tödlichste verletzt, ohne jedoch mich gleichzeitig der höchsten Bewunderung enthalten zu können, wie Herr B. an dem Rade hin- und hertanzte und mit uns so dicht an den anderen Booten hinschoß, daß das Verderben jeden Augenblick unvermeidlich schien. Nachdem er sich ein wenig abgekühlt hatte, erklärte er mir, daß das ruhige Fahrwasser sich längs des Ufers, die Strömung hingegen weiter draußen befände, und daß wir aus diesem Grunde stromaufwärts am Ufer hinhalten müßten, um uns ersteres zu nutze zu machen, stromabwärts aber ihm fern zu bleiben hätten, um die Vorteile der letzteren für uns zu haben. Sofort beschloß ich bei mir, mich damit zu begnügen, ein Stromablotse zu werden und das Stromaufhandwerk solchen über die gewöhnliche Menschenweisheit hinaus gescheiten Leuten, wie Herrn B., zu überlassen.

Hier und da lenkte Herr Bixby meine Aufmerksamkeit auf gewisse Dinge. So z. B.: „Das ist die Sechsmeilenspitze!“ Ich stimmte ihm zu. Es war ganz hübsch, in dieser Weise belehrt zu werden, aber ich sah nicht ein, was dabei herauskommen sollte. Weiterhin hieß es: „Das ist die Neunmeilenspitze!“ Noch weiterhin: „Und das ist die Zwölfmeilenspitze!“ Ich hatte wirklich keine Ahnung, daß diese Landvorsprünge irgendwie Gegenstände des Interesses für mich seien. Sie lagen fast alle in derselben Höhe mit dem Wasserspiegel, und einer sah genau wie der andere aus. Zudem waren sie von unmalerischster Eintönigkeit. Ich hoffte ernstlich, Herr B. würde nun bald ein anderes Gesprächsthema aufgreifen. Aber nein. Er steuerte, ganz hart ans Ufer haltend, um eine dieser Landspitzen herum und sagte: „Hier hört das tote Wasser auf, gerade oberhalb jener Gruppe von Chinabäumen. Jetzt gehen wir querüber.“

Zwei- oder dreimal übergab er mir auch wieder das Rad. Aber ich hatte kein Glück. Bald kam ich nahe daran, auf ein ins Wasser hineinreichendes Zuckerfeld aufzufahren, bald hielt ich zu weit vom Ufer ab. Und so fiel ich immer wieder in Ungnade und hatte für ein paar Minuten die bekannte Sturzflut von Scheltworten aufs neue über mich ergehen zu lassen.

Endlich war die erste Wache beendet. Wir nahmen unser Abendbrot und gingen zur Ruhe. Um Mitternacht fiel mir plötzlich der grelle Schein einer Laterne ins Gesicht, und der Nachtwächter des Boots rief:

„Auf – hinaus an Deck!“

Damit verschwand er. Ich war außer stande, mir dieses seltsame Vorgehen zu erklären. Da ich aber vorderhand keine Neigung verspürte, weiter darüber nachzudenken, wandte ich mich um und begann weiterzuschlafen. Aber schon war auch der Nachtwächter wieder da und zwar war er diesmal grob. Mich verdroß das, und ich sagte:

„Wer heißt euch hier mitten in der Nacht herumstöbern und andere stören? Es ist ja gerade als sollte ich heute nicht mehr zum Einschlafen kommen!“

Der Mann sagte:

„Na, das ist heiter – das muß ich sagen!“

In diesem Augenblick kam die abgelöste Wachmannschaft herein und ich hörte, wie sie unter rohem Gelächter verschiedene Bemerkungen machten, wie die folgenden: „Hallo, Wächter, ist das neue „Steuermännchen“ noch nicht heraus? Ein zarter Junge, nicht? Gebt ihm ein Stück Zucker in einem Sauglappen und ruft das Stubenmädchen, um ihn einzusingen.“

In diesem Augenblick erschien Herr B. auf der Szene. Eine Minute später aber klimmte ich bereits die steilen Stufen zum Steuermannshäuschen empor, die eine Hälfte meiner Kleider auf dem Leibe, die andere über dem Arm, Herr B. folgte mir auf den Fersen und machte seine Glossen. Das war wirklich neu für mich – so mitten in der Nacht heraus und an die Arbeit zu müssen! Es war das eine jener Einzelheiten im Lotsenleben, an die ich noch nie gedacht hatte. Ich wußte wohl, daß die Boote die ganze Nacht hindurch gingen, aber es war mir nie beigefallen, daß ein menschliches Wesen seinem warmen Bette entrissen werden müßte, um sie zu steuern. Eine trübe Ahnung überkam mich, daß der Steuermannsberuf doch nicht ganz so romantisch sei, wie ich geträumt hatte; wenigstens war in der neuesten Phase desselben, die sich mir da eben enthüllte, etwas verzweifelt Reales.

Es war eine äußerst dunkle Nacht, wiewohl eine beträchtliche Anzahl Sterne am Himmel stand. Der zweite Steuermann war gerade am Rade. Er hielt auf einen bestimmten Stern zu, und das Boot schoß mitten im Strom dahin. Wiewohl keines der Ufer weiter als eine Meile von uns entfernt war, schienen doch beide in entlegene Ferne entrückt, ganz unbestimmt, kaum erkennbar. Der zweite Steuermann sagte:

„Wir müssen an Jones Plantage anlegen, Herr.“

Sofort regte sich triumphierend auch der Geist der Verneinung in mir. Ich sagte bei mir selbst: „Viel Glück zu diesem Unternehmen, Herr B., Sie werden einige Zeit brauchen, um Jones Plantage in einer Nacht, wie diese, zu finden. Und ich hoffe, Sie werden sie überhaupt nicht finden, wenigstens in diesem Leben nicht!"

In diesem Augenblick fragte Herr B. den zweiten Steuermann, den er eben ablöste:

„Am unteren oder oberen Ende der Plantage?"

„Am oberen!"

„Wird unmöglich sein. Es sind Baumstümpfe dort, die, wie der Fluß eben steht, außerhalb des Wassers sind. Die Entfernung bis zum unteren Ende ist nicht groß; er muß zufrieden sein, wenn wir dort halten."

„Ganz wohl. Wenn es Jones nicht paßt, soll er sehen, wie er zurechtkommt."

Und der zweite Steuermann ging. Meine Schadenfreude verrauchte, und statt ihrer ergriff Bewunderung meine Seele. Da stand ein Mann vor mir, der sich nicht nur anheischig machte eine bestimmte Plantage in solch einer Nacht aufzusuchen, sondern auch das obere oder untere Ende derselben, wie man eben beliebte. Es juckte mich förmlich, eine Frage zu thun, da ich aber bereits genug kurze Antworten eingeheimst hatte, um meine Schlafkabine damit vollzustauen, schwieg ich lieber. Die Frage, welche ich so gerne an Herrn B. gerichtet hätte, war einfach die: ob er wirklich so närrisch sei, um sich allen Ernstes einzubilden, diese Plantage in einer Nacht, in der eine Plantage ganz genau wie die andere aussieht, ausfindig zu machen? Aber wie gesagt, ich schwieg, wie ich denn überhaupt in jenen Tagen in Bezug auf das, was klug war, einen trefflichen Instinkt entwickelte.

Herr B. steuerte gegen das Ufer und strich an demselben hin, als wäre es helles Tageslicht. Und dazu sang er ganz ruhig:

> „Vater im Himmel, der Tag geht zur Rüste!" u. s. w.

Es blieb mir kein Zweifel, ich hatte mein Leben in die Hände eines wahren Ausbunds von Gewissenlosigkeit gelegt. Eben als mir dies klar zu werden begann, wandte er sich nach mir um und fragte:

„Wie heißt die erste Landspitze oberhalb New-Orleans?"

Erfreulicherweise konnte ich die Frage ohne Besinnen beantworten, und ich that es. Ich sagte, ich wüßte es nicht.

„Weißt es *nicht?*“

Die Art, in der dies „nicht“ betont wurde, empörte mich. Aber wie schnell ich meine Fassung auch wiedergewann, – ich wußte doch nichts anderes zu sagen, als ich zuvor gesagt hatte.

„Schön so, – du bist mir der Rechte!“ entgegnete Herr B.

„Wie heißt denn die nächste Spitze?“

Wieder wußte ich es nicht.

„Das geht denn doch über alles und jedes. So sage mir den Namen von irgend einem der Punkte, welche ich dir genannt.“

Ich sann eine Weile nach und war endlich in der Lage, zu versichern, daß ich keinen einzigen wüßte.

„Gieb acht, – wo gingen wir oberhalb der Zwölf-Meilen-Spitze quer über den Fluß?“

„Ich – ich – weiß es nicht.“

„Du – du – weißt es nicht –?“ spottete Herr B. mir nach. „Was weißt du denn?“

„Ich, – ich? Nichts – mit Bestimmtheit.“

„Beim Geist des großen Propheten, ich glaube dir. Du bist der ärgste Strohkopf, der mir je vorgekommen ist, oder wovon ich je gehört habe. Die Idee, aus dir einen Lotsen zu machen, – aus dir! Du hast ja nicht Grütze genug, eine alte Kuh eine Straße hinunterzusteuern.“

Und immer höher schlug sein Unwille empor. Er war ein nervöser Mann, und sprang von einer Seite des Rades auf die andere, als ob der Fußboden glühend sei; dann kochte er eine Weile für sich allein, um gleich darauf wieder überzulaufen und mich mit seinem Grimme zu verbrühen.

„Gieb acht, – warum glaubst du, daß ich dir die Namen von den Spitzen und Punkten da eigentlich genannt habe?“

Ich dachte zitternd einen Moment nach, und dann ließ ich mich vom Teufel der Versuchung packen und sagte:

„Nun, zur – zur Unterhaltung, dachte ich.“

Das war denn freilich ein rotes Tuch für meinen Stier. Er raste und tobte derartig – wir kreuzten gerade den Fluß – daß es ihn ganz blind machte, denn er rannte mit dem Boot über das Steuerruder eines stromabwärts gehenden Getreidekahnes hinweg. Natürlich schickte die Bemannung des Kahnes einen Hagel siedend heißer Flüche zu uns herüber. Herrn B. war das gerade recht; denn voll von Gift und Galle, war er froh, Menschenkinder zu finden, die ihm Rede und Antwort standen. Er riß ein Fenster des Steuerhäuschens auf und streckte den Kopf hinaus. Und dann erfolgte ein solcher Ausbruch, wie ich ihn nie vorher erlebt hatte. Je weiter sich die beiden Fahrzeuge voneinander entfernten, um so höher wurde Herrn B.'s Stimme, um so wuchtiger fielen die Beinamen, mit denen er die Enteilenden belegte. Als er endlich das Fenster schloß, war sein Vorrat vollkommen erschöpft. Wenn man ihn durch ein Haarsieb hätte sieben können, würde man nicht so viel lästerliche Reden gefunden haben, um eine fromme Frau damit zu erschrecken. Und so kam es denn, daß seine Rede durchaus menschlich und liebreich klang, als er sich plötzlich mit den Worten zu mir wendete:

„Mein Junge, du mußt dir ein kleines Memorandumbuch anlegen und darin alles, was ich dir erkläre, sogleich aufzeichnen.

„Es giebt nur ein Mittel, ein guter Steuermann zu werden, und das ist: den ganzen Strom auswendig zu lernen. Du mußt ihn ebenso genau kennen, wie dein ABC."

Das war denn eine nicht wenig unheimliche Eröffnung für mich! Mein Gedächtnis war nie mit etwas anderem geladen gewesen, als mit leeren Patronen. Trotzdem hielt meine Entmutigung nicht lange an – ich war so sehr überzeugt, daß Herr B. in der zwanglosesten Weise übertrieb, daß mir die Überzeugung unwillkürlich Nachsicht mit ihm auferlegte. Auf einmal zog er an dem Strick der großen Glocke und läutete einigemal. Die Sterne waren verschwunden, und die Nacht war schwarz wie Tinte. Ich konnte deutlich hören, wie die Schaufelräder am Lande hinstrichen, war jedoch keineswegs sicher, ob ich das Ufer sah. Die Stimme des unsichtbaren Wächters auf dem Oberdeck rief:

„Was ist dies, Herr?"

„Jones Plantage!"

Ich bedauerte innerlich auf das tiefste, nicht eine Wette anbieten zu können, daß dies *nicht* Jones Plantage sei. Aber ich muckste nicht. Ich wartete einfach ab. Herr B. zog die zum Maschinenraum führende Glockenleitung, und im nächsten

Moment stieß das Bug des Schiffes an das Land. Eine Fackel leuchtete auf dem Vorderdecke auf, – ein Mann sprang auf das Ufer hinüber, – die Stimme eines Negers klang ihm dort entgegen: „Geben Sie mir die Reisetasche, Massa Jones," – und in der nächsten Minute befanden wir uns feierlich und stattlich wieder mitten im offenen Fahrwasser. Eine Weile dachte ich ernstlich nach, dann sagte ich – natürlich nicht laut –: „Wenn es je einen glücklichen Zufall gegeben, so war es dieses Auffinden von Jones Plantage. Hundert Jahre mögen vergehen, ehe sich wieder etwas Ähnliches ereignet!" Und nicht genug, daß ich dies bei mir selbst sagte, – ich war auch durchdrungen davon, daß es nur ein Zufall gewesen.

Nach und nach waren wir sieben- bis achthundert Meilen den Fluß hinaufgekommen. Allem zum Trotz hatte ich es allmählich doch gelernt, ein erträglicher Tages-Steuermann zu sein, und ehe wir St. Louis erreichten, sogar in der Nachtarbeit einige Fortschritte gemacht. Ich besaß ein Notizbuch, welches in der gediegensten Weise von allerlei Namen von Städten, Landspitzen, Punkten, Sandbänken, Inseln, Buchten, Krümmungen u. s. w. u. s. w. starrte. Aber diese wichtigen Informationen waren alle nur in dem Notizbuch zu finden, – in meinem Kopfe hätte man vergebens danach gesucht. Auch machte es mir nicht geringen Kummer, bloß die Hälfte des Flusses in meinem Buch zu wissen, denn da unsere Wache jedesmal nur vier Stunden währte, denen eine ebenso lange Pause folgte, so gähnte mir in meinen Aufzeichnungen eine ununterbrochene Kette von Vier-Stunden-Lücken entgegen, die ich vom Beginn der Reise an verschlafen hatte.

In St. Louis übernahm mein Chef die Lotsenstelle auf einem der größten New-Orleans-Dampfer. Ich packte meine kleine Handtasche und folgte ihm. Das neue Boot war die Pracht selbst. Als ich zuerst in dem Steuermannshäuschen stand, befand ich mich so hoch über dem Wasserspiegel, daß ich mich auf die Spitze eines Berges versetzt wähnte, und die Verdecke dehnten sich unter mir so weit nach allen Richtungen hin, daß ich es gar nicht mehr begreifen konnte, wie ich am alten „Paul Jones" jemals Gefallen zu finden vermochte. Alles war anders. Das Steuerhäuschen des „Paul Jones" war eine armselige, lumpige Rattenfalle, in der man die Ellenbogen nicht regen konnte. Hier hatten wir einen schimmernden Glastempel, geräumig genug, um darin zu tanzen, mit rotgemalten und vergoldeten Fensterrahmen, einem üppigen Sofa, ledernen Polstern und einem gastfreundlichen großen Ofen für den Winter. Das sah denn doch nach etwas aus, – und aufs neue wuchs mir der Mut, den Lotsenberuf allen bisherigen Erfahrungen zum Trotz für etwas Romantisches zu halten. Kaum hatten wir unsere Fahrt angetreten, so begann ich auch das ganze große Fahrzeug zu durchstreichen und mich förmlich vor Freude zu berauschen. Alles war neu und sauber wie ein Putzzimmer. Wenn ich den langen, reich mit Vergoldungen gezierten Hauptsalon entlang sah, so meinte ich durch einen schimmernden Tunnel zu blicken. Jede Kajütenthür war von der Hand irgend eines hochbegabten Künstlers bemalt. Überall blitzten die Kristall-Prismen von Arm- und Kronleuchtern. Der Schreibtisch des Buchhalters war ein Schmuckkästchen, der Schenktisch prachtvoll, und der Kellner mit großem Aufwand frisiert und herausgeputzt worden. Das Kesseldeck, d. h. die zweite Etage des Bootes, erschien mir geräumig wie eine Kirche. Ebenso das Vordeck. Und wir hatten nicht bloß eine Handvoll Mannschaft, sondern ein ganzes Bataillon Matrosen, Heizer, Deckarbeiter und sonstiger Angestellten. Die Feuer strahlten rotglühend aus einer langen Reihe von Heizflächen her, und über ihnen erhoben sich acht mächtige Kessel. Es war eine unsägliche Großartigkeit. Die riesigen Maschinen, – doch genug! Ich hatte mich nie vorher so gehoben gefühlt! Und als ich schließlich gar noch die Entdeckung machte, daß die sauber gekleidete Schiffsdienerschaft mich in respektvoller Weise per „Sir" behandelte, da fühlte ich mich auf dem Gipfel aller Genugthuung!

Ich vollende meine Lehrzeit

Als ich von meiner Umschau auf dem Dampfer nach dem Steuerhäuschen zurückkehrte, hatten wir St. Louis bereits aus den Augen verloren. Aber ich, ich selber war auch verloren. Da hatten wir gerade eines jener Stücke vom Fluß, die auf das genaueste in meinem Buche standen, und doch konnte ich weder Kopf noch Schwanz daraus machen. Es ist leicht einzusehen, warum, – es war jetzt die umgekehrte Geschichte. Ich hatte alles gesehen und aufgeschrieben, als wir den Fluß hinaufgekommen waren, aber ich hatte nie versucht, mir einzuprägen, wie es stromabwärts aussehen möchte. Mein Herz brach aufs neue. Es war klar, – ich hatte diesen entsetzlichen Fluß *zweimal* zu lernen!

Das Steuerhaus war voller Lotsen, die abwärts fuhren, um „einen Blick auf den Fluß zu werfen." Der sog. „obere Strom" (die zweihundert englischen Meilen zwischen St. Louis und Kairo, wo der Ohio einmündet) hatte einen niedrigen Stand und der Mississippi ändert sein Fahrwasser so beständig, daß die Lotsen, wenn ihre Boote eine Woche im Hafen liegen mußten, es stets für nötig hielten, nach Kairo hinabzufahren, um sich den Strom aufs neue anzusehen – d. h. nur wenn der Wasserstand niedrig war. Unter diesen Lotsen, welche sich den Fluß „besahen“, war stets eine Anzahl armer Teufel, die selten eine Stelle hatten, und deren einzige Hoffnung, eine zu bekommen, darin bestand, daß sie stets auf dem Laufenden und jederzeit zur Aushilfe bereit waren, um an die Stelle eines Steuermanns zu treten, der durch plötzliche Krankheit oder sonstige dringende Umstände verhindert war. Außerdem fuhren manche fortwährend auf und ab und „sahen sich den Strom an“ – nicht weil sie wirklich hofften, einmal eine Stelle auf einem Dampfer zu bekommen, sondern weil es ihnen als Gäste des Dampfboots billiger war, „den Strom anzusehen“, als am Lande zu bleiben und Logis und Kostgeld zu bezahlen. Diese Leute wurden nach und nach wählerisch und suchten nur Dampfer heim, deren Küche und Tafel in gutem Rufe standen. Die als Gäste an Bord befindlichen Lotsen machten sich übrigens nützlich und waren Sommer und Winter, bei Tag und bei Nacht, gern bereit, mit der Jolle hinauszufahren und beim Auslegen der Bojen zu helfen oder den Steuerleuten des Dampfers jeden sonstigen Beistand zu leisten. Sie waren auch sonst willkommen, weil die Lotsen, wenn eine Anzahl von ihnen zusammentrifft, unermüdlich im Plaudern sind; und da sie nur vom Mississippi reden, verstehen sie sich stets und sind immer interessant. Für den echten Lotsen hat nichts in der Welt Interesse als nur der Strom, und er ist auf seine Beschäftigung stolzer als ein König.

Wir hatten diesmal eine hübsche Gesellschaft solcher Flußinspektoren – acht oder zehn, die alle Raum in Fülle in unserem großen Steuerhause hatten. Zwei oder drei von ihnen trugen glänzende Seidenhüte, kunstvolle Hemdeneinsätze, Diamantbusennadeln, Glacéhandschuhe und Lackstiefel. Sie sprachen ein gewähltes Englisch und benahmen sich mit solcher Würde, wie es sich für Männer von soliden Mitteln und ausgezeichnetem Ruf geziemt. Die andern waren mehr oder wenig nachlässig gekleidet und trugen hohe Filzkegel, die an die Zeit der Puritaner erinnerten.

Ich erschien mir wie eine Null in dieser erlauchten Gesellschaft und war ganz niedergedrückt, um nicht zu sagen betäubt. Ich war sogar am Steuer überflüssig, wenn es nötig wurde, das Rad rasch nach der einen oder andern Seite hinüberzudrehen; wer von den Gästen am nächsten stand, legte Hand an, wenn es erforderlich war – und das war wegen der Krümmung und der Seichtheit des Fahrwassers fast immer der Fall. Ich stand in der Ecke und hörte dem Gespräch aufmerksam zu, das mir alle und jegliche Hoffnung benahm. Einer unserer Gäste sagte zu einem andern:

„Jim, wie hast du Plum Point stromaufkommend passiert?"

„Es war Nacht und ich steuerte, wie mir's einer der Jungens von der „Diana" gesagt hatte; lief etwa fünfzig Schritt oberhalb des Holzhaufens von der „falschen Landspitze" ab und hielt dann auf die Hütte unterhalb Plum Point zu, bis ich das Riff erreichte – ein und drei viertel Faden – steuerte darauf direkt nach der mittleren Barre, bis ich reichlich querab von dem einastigen Baumwollenbaum in der Biegung war, richtete dann das Heck aus diesen Baum, den Bug auf die flache Stelle oberhalb der Landspitze und lief mit voller Fahrt hindurch – neun und einen halben Fuß."

„Ganz nette Kreuzung, he?"

„Ja, aber die obere Barre arbeitet sich rasch abwärts."

Nun nahm ein anderer Lotse das Wort und sagte:

„Ich hatte besseres Wasser und kreuzte weiter unten; ging von der „falschen Landspitze" aus – zwei Faden – erreichte das zweite Riff quer ab von dem großen, gesunkenen Baumstamm in der Biegung, ein drei viertel Faden."

Einer der vornehmen Lotsen bemerkte:

„Ich will euren Lotwerfern keinen Vorwurf machen, aber das ist, wie mir scheint, reichlich viel Wasser für Plum Point."

Ein billigendes Kopfnicken rund herum zollte dieser ruhigen, aber gründlichen Abfertigung Beifall. Was mir mittlerweile durch den Sinn fuhr, war etwa: Wenn meine Ohren recht hören, muß ich nicht nur die Namen aller der Städte, Inseln und Krümmungen u. s. w. auswendig lernen, sondern sogar die persönliche, innige Bekanntschaft jedes gesunkenen alten Baumstammes, jedes einästigen Baumwollenbaumes und jedes obskuren Holzhaufens machen, welcher die Ufer dieses Flusses auf zwölfhundert Meilen Länge schmückt; ja noch mehr – ich muß sogar wissen, wo diese Dinge in der Dunkelheit sind, wofern ein Lotse nicht mit Augen begabt wird, die durch zwei Meilen dichter Schwärze sehen können. Ich wollte, die Lotserei wäre im Pfefferland, und ich hätte nie daran gedacht.

Bei Eintritt der Dämmerung schlug Herr Bixby die große Glocke dreimal an (das Signal zum Landen); der Kapitän tauchte aus seiner Kajüte am vorderen Ende des Hauptdecks auf und blickte fragend empor. Herr Bixby sagte:

„Wir wollen hier die Nacht über liegen bleiben, Kapitän."

„Ganz recht, Herr Bixby."

Das war alles. Das Dampfboot drehte ans Ufer und wurde für die Nacht festgemacht. Es schien mir großartig, daß der Lotse thun konnte, was ihm beliebte, ohne den mächtigen Kapitän um Erlaubnis fragen zu müssen. Nach dem Abendessen ging ich sogleich zu Bett, entmutigt von dem, was ich den Tag über beobachtet und erfahren hatte. Die Notizen über meine letzte Reise waren nur ein Wirrwarr bedeutungsloser Namen; sie hatten mich jedesmal, wenn ich sie während des Tages zu Rate gezogen, vollkommen verwirrt. Ich hoffte im Schlaf Erholung zu finden; aber nein – es arbeitete bis zum Sonnenaufgang fortwährend in meinem Kopfe umher – ein abscheuliches, unablässiges Alpdrücken.

Am nächsten Morgen war ich recht verdrießlich und niedergeschlagen. Wir fuhren mit vollem Dampf dahin, ziemlich waghalsig, da wir vor Anbruch der Nacht „aus dem Strom" (d. h. nach Kairo) zu kommen wünschten. Herrn Bixbys Kollege, der andere Lotse, setzte jedoch sehr bald den Dampfer auf den Grund, und wir verloren mit dem Flottmachen des Schiffes so viel Zeit, daß die Nacht offenbar hereinbrechen mußte, lange bevor wir die Mündung erreichen konnten. Das war ein großes Mißgeschick, besonders für einige der als Gäste bei uns weilenden Lotsen, deren Boote auf ihre Rückkehr warten mußten, gleichviel wie lange es dauerte. Das ernüchterte das Geplauder im Lotsenhaus bedeutend. Stromaufwärts kümmerten die Lotsen sich weder um flaches Wasser, noch um die tiefste Finsternis; nur der Nebel hielt sie zurück. Stromabwärts lag die Sache aber ganz anders; wenn eine starke Strömung hinten nachdrängte, waren die Boote nahezu hilflos, und es war daher nicht gebräuchlich, bei niedrigem Wasserstand nachts stromabwärts zu fahren.

Eine kleine Hoffnung schien aber noch übrig zu sein: wenn wir vor Dunkelwerden durch die äußerst schwierige und gefährliche Kreuzung bei Hat Island passierten, konnten wir das übrige wagen, weil wir dann mehr geraden Kurs und tiefes Wasser hatten. Diese Kreuzung aber bei Nacht zu versuchen, wäre Wahnsinn gewesen. Den ganzen noch übrigen Tag wurde viel auf die Uhren gesehen und fortwährend die Fahrgeschwindigkeit berechnet; das Gespräch drehte sich nur um Hat Island: manchmal stieg die Hoffnung hoch um dann wieder zu sinken, wenn wir in einer schwierigen Kreuzung aufgehalten wurden. Stundenlang lastete auf allen diese unterdrückte Erregung, die sich selbst mir mitteilte; ich sehnte mich so mächtig nach Hat Island und fühlte eine solch schreckliche Verantwortung mich drücken, daß ich auf fünf Minuten am Lande zu sein wünschte, um tüchtig, voll, erleichternd Atem schöpfen zu können. Wir gingen keine regelmäßigen Wachen: jeder unsrer beiden Lotsen steuerte auf derjenigen Stromstrecke, auf welcher er stromaufwärts gesteuert hatte und mit welcher er deshalb besser vertraut war; beide aber blieben fortwährend im Steuerhause.

Eine Stunde vor Sonnenuntergang übernahm Bixby das Ruder, und W. – – trat zur Seite. Während der nächsten dreißig Minuten hielt jeder die Uhr in der Hand; jeder war nervös, schweigsam und unruhig. Endlich sagte einer mit einem traurigen Seufzer: –

„Ah, dort ist Hat Island, aber wir können's nicht erreichen."

Alle Uhren schlossen sich – schnapp! jeder seufzte und murmelte etwas zwischen den Zähnen wie: „'s ist zu schlimm – ach, wenn wir nur eine halbe Stunde früher hieher gekommen wären!" Alle waren enttäuscht; einige wollten schon hinausgehen, zögerten aber noch, weil sie das Glockenzeichen zum Landen noch nicht hörten. Die Sonne verschwand unter dem Horizont, aber das Boot dampfte weiter. Die Gäste tauschten fragende Blicke aus. Der eine, der die Hand schon auf dem Thürdrücker hatte, blieb stehen und ließ gleich darauf den Thürknopf wieder los. Wir steuerten stetig die Biegung des Flusses hinab; wieder wurden Blicke ausgetauscht und hie und da ein bewunderndes Kopfnicken – aber keine Worte. Unmerklich drängten sich die Männer hinter Bixby zusammen, als es anfing dunkel zu werden und einige blasse Sterne sichtbar wurden. Die Totenstille und die Erwartung wurden drückend. Bixby riß am Glockenstrang, und zwei tiefe, weiche Töne der großen Glocke fluteten in die Nacht hinaus. Dann folgte eine kurze Pause, darauf ein dritter Glockenton. Und nun ertönte die Stimme der Lotsen vom Sturmdeck:

„Backbordlot, da! Steuerbordlot!"

Dann erschollen in einiger Entfernung die Rufe der Loter, die von zwei Matrosen auf dem Oberdeck dumpf wiederholt wurden.

„Drei Faden! . . . Drei Faden! . . . Zwei und drei Viertel Faden! . . . Zwei und ein halber Faden! . . . Zwei und ein Viertel Faden! . . . Zwei Faden! . . . Ein und drei . . ."

Bixby zog an zwei Glockensträngen, was durch schwaches Klingeln weit unten im Maschinenraum beantwortet wurde, worauf unsere Geschwindigkeit sich verringerte. Der Dampf begann durch die Entweichungshähne zu zischen. Das Rufen der Loter dauerte fort – bei Nacht ein seltsamer Schall. Jeder Lotse beobachtete jetzt in höchster Spannung was vorging, alles sprach leise. Niemand war ruhig und gelassen außer Bixby. Er legte das Ruder hart über, ganz an Bord, stellte sich auf eine Speiche, und als der Dampfer in die für mich ganz unsichtbaren Marken – denn ringsum schien alles eine weite düstere See zu sein, – gebracht war, drehte er das Ruder zurück und hielt das Boot fest in der erforderlichen Richtung. Nunmehr hörte man aus den halblauten Gesprächen hier und dort einen zusammenhängenden Satz heraus, wie:

„Da; der Dampfer hat das erste Riff passiert!"

Nach einer Pause:

„Das Heck kommt jetzt haarscharf in die Richtung, bei Gott!"

„Nun ist er in den Marken, da geht er hinüber!"

Und dann wieder:

„Oh, das war schön – wunderschön!"

Dann wurden die Maschinen ganz zum Stehen gebracht, und wir trieben mit der Strömung. Ich will damit nicht sagen, daß ich das Boot treiben sehen konnte; nein – die Sterne waren jetzt alle verschwunden. Dieses Treiben war das Entsetzlichste; das Herz stand einem dabei still. Bald darauf entdeckte ich noch eine schwärzere Finsternis als die, welche uns umgab; das war das obere Ende der Insel. Wir steuerten gerade darauf zu, kamen in den tieferen Schatten derselben, und die Gefahr schien so unmittelbar drohend, daß ich zu ersticken meinte; ich empfand den stärksten Antrieb, etwas – irgend etwas zu thun, um das Fahrzeug zu retten. Aber noch stand Bixby am Steuer – schweigsam, aufmerksam wie eine Katze; und alle Lotsen standen Schulter an Schulter hinter ihm.

„Es wird nicht gehen!" flüsterte einer.

Das Wasser wurde nach den Meldungen der Loter flacher und flacher, bis es endlich hieß:

„Acht und ein halb! . . . Acht Fuß! . . . Sieben und . . ."

Bixby rief dem Maschinisten durchs Sprachrohr warnend zu:

„Klar bei der Maschine jetzt!"

„Jawohl, Herr Bixby!“

„Sieben ein halb! Sieben Fuß! *Sechs* und –“

Wir berührten den Grund! Bixby setzte augenblicklich eine Reihe von Glocken in Bewegung, rief durch das Sprachrohr: „Nun Dampf her, was das Zeug hält!“ und dann seinem Kollegen zu: „Hart an Bord mit dem Ruder! Hart über! Nochmal!“ Das Dampfboot bahnte sich knirschend und ächzend den Weg durch den Sand, hing einen entsetzlichen Augenblick am Rande des Verderbens und glitt dann hinüber! Ein solches Jubelgeschrei, wie es sich jetzt hinter Bixby erhob, hat noch nie zuvor das Dach eines Ruderhauses erschüttert!

Jetzt waren alle Schwierigkeiten überwunden. Herr Bixby wurde in jener Nacht zum Helden, und seine Kollegen erzählten noch geraume Zeit von dieser Großthat.

Um sich einen ganz klaren Begriff zu machen von der wunderbaren Präzision, die erforderlich war, um den Dampfer in jener finstern Wasserwüste auf dem richtigen Wege zu halten, muß man wissen, daß das Boot sich nicht nur durch Baumstämme und blinde Riffe hindurchzwängen und dann so dicht am oberen Ende der Insel hinfahren mußte, daß es das überhängende Laubwerk mit dem Heck berührte, sondern es mußte an einer Stelle beinahe in Armeslänge an einem gesunkenen, unsichtbaren Wrack vorbei, das ihm, wenn es darauf gestoßen wäre, den Boden fortgerissen und binnen fünf Minuten das Dampfschiff nebst Ladung im Gesamtwerte von etwa einer Viertelmillion Dollars und obendrein noch etwa hundert und fünfzig Menschenleben vernichtet hätte.

Die letzte Bemerkung, die ich in jener Nacht hörte, war ein Kompliment für Herrn Bixby, das einer der Gäste im Selbstgespräch und mit vieler Salbung äußerte. Derselbe sagte:

„Beim Schatten des Todes, er ist ein Blitzkerl von einem Lotsen.“

Kunst und Wissenschaft des Lotsen

Es dauerte eine geraume und, wie mir schien, nicht wenig mühselige Zeit, bis ich es endlich dahin gebracht hatte, meinen Kopf mit Inseln, Städten, Bänken, Landspitzen u. s. w. vollzupacken, und mich dieses leblosen Ballasts sicher zu fühlen. Aber natürlich – kaum hatte sich mein Selbstgefühl so weit erholt, daß ich wagte, den Kopf wieder höher zu tragen, als auch Bixby es schon für seine Pflicht hielt, ihn wieder sinken zu machen. Eines Tages richtete er ganz plötzlich die Frage an mich:

„Welche Form hat die Walnußbucht?"

Er hätte mich ebenso gut nach der Ansicht meiner Großmutter über die Protoplasmen-Theorie fragen mögen. Ich dachte eine kleine Weile unter achtungsvollem Schweigen nach und erwiderte dann, es sei mir nicht bewußt, daß die Walnußbucht überhaupt irgend eine Form habe. Mein Pulverfaß von Chef fuhr natürlich mit einem Krach auf, und sofort begann ein Feuern und Schießen, bis er wieder einmal sein ganzes Pulver von Beinamen total verschossen hatte. Indessen, meine Erfahrung mit ihm hatte mich bereits gelehrt, wie groß sein Munitionsvorrat war und daß ich sicher sein konnte, er werde sich nach Verbrauch desselben alsbald wieder in einen guten, alten Patron verwandeln. Dieses „alt" ist lediglich als ein Ausfluß von Zuneigung zu nehmen, denn in Wirklichkeit war Herr B. nicht älter als 34 Jahre.

Es war mir klar, daß ich mich in erster Linie mit den Ufern des Flusses in jeder erdenklichen Weise vertraut machen mußte – stromaufwärts und stromabwärts, von hinten und vorne, von innen und außen, bei Tag und bei Nacht – und damit nicht genug, sollte ich auch Bescheid wissen in grauen Nebelnächten, in denen der Fluß überhaupt keine Gestalt und keine Ufer mehr hatte. Ich that alles, was in meinen Kräften stand, dieser Erkenntnis gerecht zu werden, bis ich denn endlich im Laufe der Zeit und mannigfacher Fahrten zwischen New-Orleans und St. Louis meine verzwickte Lektion allen Ernstes zu bemeistern anfing und sich mein Selbstbewußtsein aufs neue mächtig zu regen begann. Aber auch jetzt noch war Herr B. jeden Augenblick gerüstet, diese Regungen zu unterdrücken und mich schnell wieder in meine alte Demut und Zerknirschung zurückzustoßen. Eines Tages sagte er zu mir:

„Wie viel Wasser hatten wir auf unserer vorvorigen Reise in der Mitte der Durchfahrt von Hole-in-the-Wall?"

Diese Frage kam mir wie eine Beleidigung vor. Ich entgegnete:

„Bei jeder Fahrt, stromauf- und stromabwärts wirft der Bootsmann an jener verteufelten Stelle alle Minuten das Lot und ruft ununterbrochen während drei Viertelstunden die Tiefen aus. Glauben Sie denn, ich könne eine solche Menge Zeug im Kopf behalten?"

„Du mußt das genau behalten, mein Junge. Du hast dir den Platz und den Wasserstand des seichtesten Fahrwassers in allen den 500 seichten Stellen zwischen New-Orleans und St. Louis für jede Fahrt zu merken und darfst ja nicht die Messungen von einer Fahrt mit denen der andern verwechseln, denn es ist kaum denkbar, daß sie je ganz gleich seien. Du mußt das alles genau und jedes für sich merken."

Als ich wieder zu mir selbst kam, rief ich aus:

„Wenn ich jemals so weit komme, das fertig zu bringen, so werde ich auch imstande sein, Tote aufzuerwecken, und dann habe ich nicht mehr nötig, Steuermann zu sein, um meinen Unterhalt zu gewinnen. Ich möchte dies Geschäft lieber aufgeben. Ich bin bloß ein Mensch und bitte um einen Wassereimer und eine Scheuerbürste, um fortan nur noch als Deckarbeiter zu schaffen. Ich bin zu nichts Besserem geeignet. Ich habe nicht Gehirn genug, um Lotse zu werden."

„Schon gut, mein Junge. Wenn ich einmal gesagt habe, ich „lerne"jemandem den Fluß, so meine ich auch, was ich gesagt habe. Du kannst dich drauf verlassen, – ich bringe ihm die Geschichte bei oder bringe ihn um."

Mit einem solchen Menschen war es unmöglich, sich zu verständigen. Ich fügte mich in mein Schicksal und spannte mein Gedächtnis in einer Weise an, daß ich schließlich sogar die seichten Stellen, ihre verschiedenen Wasserstände und die zahllosen Punkte, an denen das Wasser gekreuzt werden mußte, in meinen Kopf gepfropft hatte. Aber damit hatte ich noch nicht gewonnen. Denn kaum hatte ich eine verwickelte Aufgabe los, als sich auch schon eine neue und womöglich noch schwierigere aufdrängte. So hatte ich unter anderm oft beobachtet, wie die Lotsen auf das Wasser hinabzuschauen pflegten, genau mit dem Blick von Leuten, die in einem Buch lesen. Auch ich versuchte dies hin und wieder, aber es war für mich ein Buch, welches mir nichts sagte. Endlich kam jener Augenblick, da Bixby mich für hinlänglich vorangeschritten hielt, um auch der Lektion des „Wasserlesens" gewachsen zu sein.

„Siehst du dort die lange, quer über den Fluß sich ziehende Linie? Das ist ein Flußriff! Und mehr als das, es ist ein wirkliches, aus Sand und Schlamm bestehendes Riff! Eine solide Sandbank liegt dort unter dem Wasserspiegel, steil aufsteigend wie die Mauer eines Hauses. Dicht daneben ist Fahrwasser genug, auf seinem Kamm dagegen nur verwünscht wenig davon. Würdest du auf diesen letzteren auffahren, so wäre es einfach um das Boot geschehen. Aber dort weiterhin, wo die Linie in einzelne leichte Striche verläuft und dann ganz aufhört, – siehst du es? Dort magst du ohne Furcht mit dem Boot hinhalten und darüber hinwegschießen, ohne daß es im mindesten etwas thäte."

Und so war es. Ich folgte seiner Anweisung, – denn eben hatte er mir das Rad übergeben und sich als Zuschauer hinter mich gestellt, – und wir kamen glücklich über das Riff hinweg. Aber auch nach dieser Seite hin blieb mir, wie ich nur zu bald einsehen sollte, noch mancherlei zu lernen, und ich vergesse des Tages nie, als ich aus Furcht, auf ein Riff aufzufahren, das Boot um eines Haares Breite auf das Ufer gesetzt hätte. Bixby, der mir eine Viertelstunde vorher das Steuerrad übergeben hatte, trat eben im entscheidenden Augenblick wieder in das Steuerhäuschen und fragte mich mit einem Sarkasmus, der mir durch Mark und Bein schnitt:

„Warum gehst du ans Land, mein Junge? Hat man vom Ufer aus gerufen?"

Ich errötete und erwiderte, daß man uns nicht angerufen habe.

„Ah, – so war es sicherlich, um Holz einzunehmen. Aber du solltest doch damit warten, bis der erste Heizer dir anzeigen würde, daß dies nötig ist."

Ich biß mich auf die Lippen und sagte, daß es auch nicht geschehen sei, um Holz einzunehmen.

„Wirklich? Ja, aber was hast du denn sonst hier hart am Lande gesucht? Hast du je gehört, daß man bei einem Wasserstande wie diesem an ein Ufer wie dieses auf hundert Ellen, geschweige denn auf zehn Fuß herangeht?"

„Nein, Herr – und ich wollte auch gar nicht an das Ufer heran, sondern nur jenem Riff da aus dem Wege gehen."

„Jenem Riff da? Aber wir haben ja auf drei Meilen Entfernung nicht das Geringste, was einem Flußriff ähnlich sehe."

„Aber ich sehe es doch dort – das ist doch ein Riff, wenn ich je eins gesehen!"

„Wohl, mein Junge! – nimm es getrost aufs Korn, – fasse es, wo du's eben bekommen kannst, – je mehr in der Mitte, um so besser!"

„Ist das Ihr Befehl?"

„Jawohl, – nur frisch darüber hinweg."

„Aber ums Himmels willen, Herr Bixby, – ich stürbe, wenn's nicht gelingt!"

„Schon recht, ich übernehme die Verantwortung."

Ich konnte mich kaum fassen. Eine wahrhaft teuflische Begierde ergriff mich, das Boot und alles, was darin war, Bixby und mich selbst eingerechnet, umzubringen. Und so hielt ich stramm auf die Höhe der das Riff anzeigenden Wasserlinie hin. Aber noch ehe wir sie erreichten, schien sie mir zu verschwinden, – und gleich darauf glitten wir sanft und leicht darüber hin wie auf Öl.

Bixby lachte und sagte:

„Siehst du nun den Unterschied? Es war nichts als ein „Windriff", – und das ist gar ein mächtig andres Ding, als ein wirkliches Flußriff! Der Wind macht das, – das ist alles."

„Ich verstehe. Aber es sieht doch genau wie ein Flußriff aus. Wie soll ich denn dergleichen von einander unterscheiden können?"

„Bei meiner Seele, mein Junge, *das* kann ich dir selbst nicht sagen. Aber mit der Zeit wirst du sie von einander unterscheiden lernen und nachher wird dir's gerade so gehen und wirst du nicht imstande sein, einem andern den Unterschied zu erklären."

Und wieder sollte Bixby recht haben! Mit der Zeit wurde mir auch die Oberfläche des Wassers zu einem Buch, – zu einem Buch, das für den gewöhnlichen Flußfahrer sieben Siegel trug, das aber zu mir ohne jede Rückhaltung sprach und seine geheimsten Geheimnisse mit einer Bereitwilligkeit preisgab, als spräche es mit einer Stimme zu mir, wie meine eigene. Und zwar war es keines jener Bücher, das man einmal liest und dann beiseite wirft, denn es wußte an jedem neuen Tage eine neue Geschichte zu erzählen. Auf diesen ganzen zwölfhundert Meilen zwischen St. Louis und New-Orleans gab es keine Seite, die nicht ein eigenes Interesse bot; keine, welche man ohne Verlust ungelesen lassen konnte; keine, die man Lust hatte zu überschlagen, im Wahne, an etwas anderem mehr Vergnügen zu finden. Es war ein Buch, so wundervoll, wie es nie von Menschenhänden geschrieben, von Menschenköpfen hätte erdacht werden können. Der gewöhnliche Reisende, welcher es nicht zu lesen verstand, erblickte vielleicht hin und wieder (wenn er überhaupt etwas derartiges erblickte!) ein leichtes, flüchtiges Zeichen auf seiner Oberfläche. Dem Steuermann war dieses Zeichen eine leuchtende Schrift und mehr als das, eine ganze Geschichte, gedruckt mit mächtigen Initialen, gesperrten Sätzen, und weithin sichtbaren Ausrufungszeichen, denn es sprach ihm von einer Sandbank, einem Riff oder einem in der Tiefe liegenden Wrack, die dort unten nach Schiff- und Menschenleben lechzten. Der gewöhnliche Reisende, der dieses Buch nicht zu lesen verstand, sah nichts als allerlei hübsche und freundliche Bilder, von der Sonne vergoldet, von den Wolken überschattet. Für den kundigen Mann am Rade war all dieses Bilderwerk der feierlichste, unerschöpflichste, tödlich ernsteste Lesestoff!

Als ich in dieser Weise endlich auch die Sprache des Wassers bemeistert hatte und mir endlich alles, was zu dem großen Strom in irgend einer Beziehung stand, geläufig geworden war wie mein ABC, da fühlte ich, daß ich einen wertvollen Schatz erworben hatte. Aber ich fühlte zugleich auch, daß ich etwas eingebüßt hatte, und zwar etwas, das mir, so lange ich lebe, nicht wieder zurückerstattet werden kann. Alle Anmut, alle Schönheit, aller poetischer Reiz waren für mich aus dem majestätischen Flusse geschwunden!

Noch heute bewahre ich aus jener Zeit, als ich ein Neuling auf dem Flusse war, das Andenken an einen ganz bestimmten wundervollen Sonnenuntergang. Eine breite Fläche des Wasserspiegels erschien zu Blut verwandelt. In der Mitte verklärte sich der rote Schimmer zu flammendem Gold, durch welches ein einsamer Baumstamm scharf abgezeichnet und schwarz dahintrieb. An einer Stelle zog sich ein leicht schäumender Streifen über die Flut; an einer andern war die glatte Fläche durch zitternde, sich ewig erneuende Kreise unterbrochen, die in allen Farben des Opals spielten. Das Ufer zur Rechten war dicht bewaldet, und die dunkeln Schatten, welche von dort aus ins Wasser fielen, wurden an einer Stelle von einem langen, gekräuselten Streifen unterbrochen, der wie Silber glitzerte. Aus dem Gehölz aber erhob sich ein mächtiger, abgestorbener Baumriese, dessen einziger noch belaubter Ast im ungebrochenen Sonnenlicht wie eine Flamme sprühte. Wo das Auge hinfiel, erblickte es anmutige Wellenlinien, bunte Spiegelbilder, bewaldete Höhen, weiche Uferumrisse. Und über dem allen gaukelten und zitterten wechselnde Lichter, welche den Gegenständen, die sie verklärten, mit jedem Moment neue Farbenwunder liehen.

Ich stand wie bezaubert. Ich sog es ein, in stummem Entzücken. Die Welt war wie neu für mich; ich hatte dergleichen daheim nie gesehen. Aber, wie ich schon sagte, – es kam ein Tag, an dem ich aufhörte, ein waches Auge für all diese Pracht und all diese Reize zu haben, welche Sonne, Mond und Zwielicht über das Antlitz des Riesenstromes auszugießen wußten. Und dann kam noch ein Tag, an dem ich aufhörte, überhaupt ein Auge für sie zu haben. Jener Sonnenuntergang, der mich einst in so maßloses Entzücken versetzt hatte, würde mich jetzt nicht nur nicht mehr entzückt haben, sondern ich hätte ihn bloß noch betrachtet, um folgenden Kommentar daran zu knüpfen: „Diese blutige Sonne deutet an, daß wir morgen Wind haben werden; jener schwimmende Baumstamm, daß der Fluß steigt, jener zitternde Querstreif weist auf ein Sandriff, das nicht verfehlen wird, in einer der nächsten Nächte ein Schiff umzubringen; jene tanzenden Kreise im Wasser sagen an, daß sich dort ein neuer Fahrkanal bildet; und jener alte Baumriese mit dem einen belaubten Zweige winkt uns etwas wie ein letztes Lebewohl zu, – und wer soll sich, wenn er niedergestürzt sein wird, ohne den alten wohlbekannten Wegweiser hier noch zurechtfinden?“

Nein, – mit der Romantik und der Schönheit des Flusses war es für mich auf ewig vorbei! Die mannigfachen Erscheinungen desselben hatten nur noch insoweit einen Wert für mich, als sie für die Leitung eines Dampfbootes in Betracht kamen. Das war alles.

Wie oft habe ich seitdem aus tiefstem Herzen den Mann der ärztlichen Wissenschaft beklagt! Wie häufig ist ihm nicht das holde Erröten auf den Wangen der Schönheit nichts andres als ein flüchtiges Phänomen, das über ein verstecktes tödliches Übel hinzuckt! Sind ihm nicht die meisten ihrer sichtbaren Reize ebenso viele Verräter und Anzeichen verborgenen Verfalls! Ja, vermag er die Schönheit überhaupt noch zu sehen, und, wenn er sie sieht, anders als mit dem Blick des Fachmanns? Und fragt nicht auch er sich wieder und immer wieder: ob er durch den Erwerb all seiner Erkenntnis mehr gewonnen oder verloren hat?!

Ich vervollständige meine Ausbildung

Wer so höflich war, die vorhergehenden Kapitel zu lesen, wird sich vielleicht wundern, daß ich das Lotsen als Wissenschaft so eingehend behandelt habe. Es war der Hauptzweck jener Kapitel und ich bin noch nicht ganz fertig damit; denn ich möchte aufs eingehendste beweisen, welch wunderbare Wissenschaft das Lotsen ist.

Die Schiffahrtskanäle werden mit Bojen und Leuchtfeuern versehen, und es ist deshalb ein vergleichsweise leichtes Unternehmen, sie kennen zu lernen und zu befahren; Flüsse mit klarem Wasser und Kiesgrund ändern ihr Fahrwasser sehr allmählich, und man braucht sie daher nur einmal zu „lernen"; das Lotsen wird aber eine ganz andere Sache, wenn es sich um ungeheure Ströme, wie den Mississippi und den Missouri, handelt, wo die angeschwemmten Ufer sich fortwährend aushöhlen und verändern, die treibenden Baumstämme fortwährend neue Plätze aufsuchen, die Sandbänke nie zur Ruhe kommen, das Fahrwasser ewig Winkelzüge und Abweichungen macht, und die Hindernisse bei jeder Dunkelheit und jedem Wetter bekämpft werden müssen – ohne die Hilfe eines einzigen Leuchtturms oder einer einzigen Boje; denn auf dem drei- bis viertausend Meilen langen verwünschten Strome ist nirgends ein Leuchtfeuer oder eine Boje zu finden.Ich fühlte mich berechtigt, mich über diese große Wissenschaft weitläufig zu verbreiten, weil ich überzeugt bin, daß niemals jemand, der selbst ein Dampfboot gelotst hat und also den Gegenstand praktisch kannte, einen Satz darüber geschrieben hat. Wäre das Thema abgedroschen, dann müßte ich mir Enthaltsamkeit auferlegen; da es aber ganz neu ist, glaubte ich der Sache einen beträchtlichen Raum widmen zu dürfen.

Als ich Namen und Lage jedes sichtbaren Merkmals des Stromes gelernt hatte – als ich seinen Lauf so bemeistert hatte, daß ich ihn mit geschlossenen Augen von St. Louis bis New-Orleans verfolgen konnte – als ich gelernt hatte, die Oberfläche des Wassers zu lesen, wie man die Neuigkeiten aus der Morgenzeitung herausfischt – als ich schließlich mein stumpfes Gedächtnis soweit geschult hatte, daß es eine endlose Reihe von Lotungen und Kreuzungsmarken aufgespeichert hatte und festhielt, da glaubte ich, daß meine Ausbildung vollständig wäre: ich rückte also die Mütze auf die Seite und behielt am Steuerrad einen Zahnstocher im Munde. Bixby beobachtete mein dünkelhaftes Wesen. Eines Tages sagte er:

„Wie hoch ist jenes Ufer da drüben?"

„Wie soll ich das wissen? Es ist fast eine halbe Stunde entfernt."

„Sehr schlechtes Auge, wahrhaftig! Nimm das Fernglas."

Ich nahm es und bemerkte gleich darauf:

„Ich kann's nicht sagen. Meiner Ansicht nach ist jenes Ufer etwa anderthalb Fuß hoch!"

„Anderthalb Fuß? Ja – *sechs* Fuß! Wie hoch war es bei der letzten Fahrt?"

„Das weiß ich nicht; ich habe nicht darauf geachtet."

„Nicht? Du mußt von nun an immer darauf acht geben."

„Weshalb?"

„Weil du eine Menge Dinge wissen mußt, die es dir offenbart. Es giebt dir zum Beispiel den Stand des Flusses an – sagt dir, ob mehr oder weniger Wasser hier ist, als bei der letzten Reise."

„Nun, das sagt mir das Lot." Ich glaubte, ihn damit entwaffnet zu haben.

„Ja, aber wenn das Lot lügt? Das sagt dir das Ufer und dann gehst du hin und rüttelst den Mann am Lot aus seinem Dusel auf. Bei der letzten Fahrt war das Ufer zehn, jetzt ist es nur noch sechs Fuß hoch; was bedeutet das?"

„Daß der Fluß seitdem um vier Fuß gestiegen ist."

„Ganz recht. Steigt oder fällt der Fluß?"

„Er steigt."

„Nein, er steigt nicht."

„Ich glaube, ich habe recht, Sir. Dort treibt Holz den Strom herab."

„Ein Ansteigen setzt das Treibholz in Bewegung, aber wohlverstanden, es schwimmt noch eine Zeitlang fort, nachdem der Strom aufgehört hat zu steigen. Und darüber wird das Ufer dich aufklären. Warte, bis wir an eine Stelle kommen, wo es nur wenig abschüssig ist – hier jetzt! siehst du diesen schmalen Streifen feinen Niederschlages? Der hat sich abgelagert, als das Wasser höher stand. Auch siehst du wohl, daß das Holz allmählich strandet. Das Ufer belehrt auch noch in anderer Weise. Siehst du den Baumstumpf auf der „falschen Landspitze"?"

„Ja, Sir."

„Nun, das Wasser reicht gerade bis an seine Wurzeln. Das mußt du dir notieren."

„Weshalb?"

„Weil das bedeutet, daß in der Passage 103 sieben Fuß Wasser stehen."

„Aber 103 ist ja noch eine große Strecke weiter flußaufwärts."

„Da zeigt sich eben die Wohlthat des Ufers. *Jetzt* ist Wasser genug in 103, vielleicht aber nicht mehr, wenn wir hinkommen; aber das Ufer wird uns darüber auf dem Laufenden erhalten. Bei fallendem Fluß fährt man stromaufwärts überhaupt durch keine schmalen Durchlässe, und stromabwärts darf man nur äußerst wenige passieren; das ist gegen die Gesetze der Vereinigten Staaten. Der Strom kann vielleicht steigen, bis wir nach 103 kommen, und in diesem Falle werden wir hindurchfahren. Wieviel Tiefgang haben wir?“

„Sechs Fuß hinten – sechseinhalb vorn.“

„Nun, du scheinst doch etwas zu wissen.“

„Was ich vor allem wissen möchte ist aber, ob ich fortwährend, jahraus jahrein, die zwölfhundert Meilen dieses Ufers messen muß?“

„Natürlich.“

Meine Stimmung war eine Zeitlang zu erregt für Worte; endlich sagte ich:

„Und wie ist es mit den Durchlässen? Giebt es deren viele?“

„Das will ich meinen. Ich glaube, wir werden auf dieser Fahrt keinen einzigen so durchfahren, wie du es bisher gesehen hast. Wenn der Strom wieder zu steigen anfängt, werden wir über Sandbänke hinwegfahren, die du bisher stets hoch und trocken wie das Dach eines Hauses aus dem Wasser emporragen sahest; wir werden seichte Stellen passieren, die du noch nie überhaupt beobachtet hast, mitten durch Sandbänke, die dreihundert Morgen bedecken; wir werden durch Spalte kriechen, wo du stets festes Land vermutetest; wir werden durch die Wälder dampfen, den Strom in einer Breite von fünfundzwanzig englischen Meilen auf einer Seite lassen und die Rückseite jeder Insel zwischen New-Orleans und Kairo sehen.“

„Dann muß ich mich dahintermachen und noch genau ebensoviel vom Strome lernen, wie ich bereits weiß.“

„Gerade noch zweimal so viel, sofern es dir möglich ist.“

„Nun, man lebt ja, um zu lernen. Allein mir scheint, ich war ein Narr, als ich mich auf dies Geschäft einließ.“

„Ja, das ist wahr, und du bist's noch, wirst's aber nicht mehr sein, wenn du es gelernt hast.“

„Ach, ich werde es niemals lernen.“

„Ich will sehen, daß du es doch lernst.“

Bald darauf wagte ich eine weitere Frage: –

„Muß ich das alles gerade so lernen, wie ich den Rest des Stromes kenne, – Gestaltung und alles, – so daß ich auch bei Nacht darnach steuern kann?“

„Ja. Und du mußt gute, zuverlässige Merkzeichen von einem Ende des Stromes zum andern haben, die dir in Verbindung mit dem Ufer sagen werden, ob Wasser genug auf jeder dieser zahllosen Stellen ist – wie jener Baumstumpf, weißt du. Wenn der Strom zu steigen anfängt, kann man ein halbes Dutzend der tiefsten Durchlässe durchfahren; steigt er einen Fuß weiter, ein weiteres Dutzend; beim nächsten Fuß kommen ein paar Dutzend dazu, und so fort: Du siehst also, daß du deine Ufer und Merkzeichen unbedingt sicher kennen mußt und sie nie miteinander verwechseln darfst; denn wenn du einmal in eine dieser Engen hineingefahren bist, kannst du nicht mehr zurück wie im großen Strom; du mußt hindurch oder ein halbes Jahr dort bleiben, wenn du vom fallenden Wasser überrascht wirst. Etwa fünfzig dieser Engen kannst du überhaupt nur dann passieren, wenn der Strom zum Überlaufen voll, oder über die Ufer getreten ist.“

„Diese neue Lehre ist eine heitere Aussicht.“

„Allerdings. Und beachte, was ich dir soeben gesagt habe; wenn du in eine dieser Engen einfährst, mußt du hindurch. Sie sind zu schmal zum Wenden, zu gekrümmt zum Rückwärtsherausfahren, und das seichte Wasser ist *immer am oberen Ende*, nie anderswo. Und es ist immer anzunehmen, daß das obere Ende sich ganz allmählich auffüllt, so daß die Marken, nach denen du jetzt ihre Tiefe berechnest, in der nächsten Saison vielleicht nicht zutreffen.“

„Ich muß also jedes Jahr das Alphabet von neuem lernen?“

„Versteht sich! Steure nahe an die Sandbank hinan! Weshalb fährst du mitten im Strom?“

Die nächsten paar Monate zeigten mir seltsame Dinge. An demselben Tage, als diese Unterredung stattfand, begann der Strom von oben herab stark zu steigen. Die ganze weite Wasserfläche war schwarz von treibenden Baumstämmen, abgebrochenen Ästen und starken Bäumen, die unterspült und weggewaschen worden waren. Es bedurfte des sorgfältigsten Steuerns, um den Weg durch dieses in Bewegung befindliche Floß zu suchen, selbst bei Tage, wenn man von einer Landspitze nach der andern hinübersteuerte; bei Nacht war die Schwierigkeit noch bedeutend größer; hie und da erschien plötzlich ein ungeheurer, tief im Wasser treibender Baumstamm gerade unter unserm Bug, mit dem einen Ende voran. Es war unnütz, ihm ausweichen zu wollen, wir konnten bloß die Maschinen stoppen; dann ging eines der Schaufelräder von einem Ende zum andern mit donnerndem Getöse über den Baumstamm, wobei das Schiff sich in einer Weise überlegte, die den Passagieren sehr unangenehm war. Hin und wieder versetzten wir einem dieser halb gesunkenen Stämme unter vollem Dampf einen krachenden Stoß gerade in die Mitte, wobei das Boot erzitterte, als wäre es auf einen Kontinent gestoßen. Manchmal blieb dieser Klotz dann quer vor dem Steven liegen; dann mußten wir krebsartig ein wenig zurückfahren, um von dem Hindernis freizukommen. Im Dunkeln stießen wir oft auf *weiße* Stämme, denn wir sahen sie nicht eher, als bis wir auf ihnen waren; ein schwarzer Stamm ist dagegen bei Nacht ziemlich deutlich sichtbar. Ein weißer Baumstamm ist ein unangenehmer Kunde, wenn das Tageslicht verschwunden ist.

Selbstverständlich kam bei dem großen Steigen des Flusses ein Schwarm von ungeheuren Holzflößen von den oberen Gewässern des Mississippi herab, sowie Kohlenleichter von Pittsburg, kleine Handelsfahrzeuge von überall her, und breite Flachboote von Posey County in Indiana, die letzteren meist mit Früchten beladen. Die Lotsen hegten einen tödlichen Haß gegen diese Fahrzeuge, was deren Schiffer mit reichen Zinsen vergalten. Das Gesetz verlangte, daß alle diese unbeholfenen Handelsfahrzeuge ein Licht führten; allein das war eine Verordnung, die nur zu oft unbeachtet blieb. In dunkler Nacht tauchte plötzlich dicht unter unserem Auge ein Licht vor uns auf, worauf dann eine heisere Stimme im Hinterwäldler-Jargon zu rufen pflegte:

„In des T– Namen, wohin steuert ihr? Könnt ihr nicht sehen, ihr verd– Maulbeeren fressenden Schafe, ihr einäugigen Söhne eines ausgestopften Affen?"

Während wir vorbeischossen, enthüllte uns dann die rote Glut unter den Kesseln wie der Blitz auf einen Augenblick das Flachboot und die Gestalt des gestikulierenden Redners, und in demselben Momente pflegten unsere Heizer und Deckleute eine Wolke von Wurfgegenständen und einen Hagel von Schimpfworten zu empfangen und fortzusenden, worauf dann eines unserer Schaufelräder gewöhnlich die Bruchstücke des zertrümmerten Steuerremens mit fortnahm und alles wieder von schwarzer Dunkelheit eingehüllt war. Und sicherlich ging dann der Besitzer jenes Flachbootes nach New-Orleans, um unseren Dampfer zu verklagen und auf das entschiedenste zu beschwören, daß er zu der betreffenden Zeit ein Licht brennen gehabt habe, während in Wirklichkeit seine Mannschaft, um zu spielen, zu singen und zu trinken, die Laterne in die Kajüte genommen, aber keine Wache an Deck gehalten hatte.

Einmal hätten wir nachts in einer jener vom Walde begrenzten Passagen hinter einer Insel, welche von den Dampfbootleuten als „so dunkel, wie das Innere einer Kuh“ beschrieben werden, beinahe eine ganze Familie aus Posey County nebst ihrer Ladung in den Grund gebohrt, wenn nicht zufällig in der Kajüte auf einer Fiedel gespielt worden wäre und wir nicht den Schall der Musik noch eben rechtzeitig gehört hätten, um abscheren zu können, wobei leider kein ernsthafter Schaden angerichtet wurde, wir jedoch so nahe kamen, daß wir einen Augenblick die schönste Hoffnung in dieser Beziehung hatten. Selbstverständlich brachten die Leute dann ihre Laterne an Deck, wo sie die ganze Familie – beide Geschlechter verschiedenen Alters – beleuchtete, während wir bei ihrem Fluchen mit der Maschine vorwärts und rückwärts arbeiteten, um frei zu kommen. Ein anderesmal schickte uns ein Kohlenschiffer eine Kugel durch das Steuerhaus, als wir uns an einer sehr engen Stelle einen Steuerremen von ihm geborgt hatten.

Ich nehme einige Extrastunden

Während dieses starken Steigens des Flusses waren die kleinen Fahrzeuge eine unausstehliche Plage. Wir passierten eine Enge nach der andern – eine neue Welt für mich, – und wenn in einer engen Passage eine recht schwierige Stelle sich befand, durften wir mit ziemlicher Gewißheit erwarten, dort ein Flachboot zu treffen; und wenn nicht dort, dann gewiß an einer noch schlimmeren Stelle, nämlich am oberen Ende der Enge, im seichtesten Wasser. Und dann fand ein endloser Austausch liebreicher Zurufe statt.

Manchmal, wenn wir draußen auf dem großen Strom vorsichtig unseren Weg durch den Nebel hin fühlten, wurde plötzlich die tiefe Stille durch gellendes Geschrei und das Klappern von Blechpfannen unterbrochen, und einen Augenblick später zeigte sich unklar durch den Nebelschleier dicht vor uns ein Holzfloß. Da warteten wir dann nicht lange, sondern rissen heftig an den Maschinenglocken und wandten allen Dampf an, um aus dem Wege zu kommen! Man stößt mit einem Dampfboot nicht gern auf einen Felsen oder auf ein solides Holzfloß, wenn man es vermeiden kann.

Es mag seltsam erscheinen, – aber häufig führten die Buchhalter auf den Dampfbooten in jenen vergangenen Zeiten des Dampfbootfahrens eine große

Auswahl von religiösen Traktätchen bei sich. Wohl ein Dutzendmal an einem Tage kämpften wir uns aufwärts durch die schwierigsten Passagen, während uns eine Menge dieser kleiner Racker von Fahrzeugen, welche von oben den engen Kanal herabfuhren, die Arbeit noch mehr erschwerten; da stieß blitzschnell ein Kahn von einem derselben ab und bahnte sich mühsam kämpfend einen Weg durch die Wasserwüste. Im Schatten unseres Buges drehte er bei und die keuchenden Ruderer riefen: „Gebt uns eine Zeitung!" während der Kahn rasch an uns vorbeiglitt. Der Buchhalter warf ihnen ein Päckchen New-Orleanser Zeitungen hinüber. Wurden diese *ohne Bemerkung* aufgenommen, dann konnte man wahrnehmen, daß nunmehr ein Dutzend anderer Boote auf uns zutrieb, ohne etwas zu sagen. Sie hatten abgewartet, wie es Nr. 1 gehen würde. Da Nr. 1 keine Bemerkung machte, legten sich die übrigen alle in die Ruder und kamen nun heran; und so schnell sie kamen, warf der Buchhalter ihnen kleine Päckchen religiöser Traktätchen, auf ein flaches Stück Holz gebunden, zu. Es ist einfach unglaublich, welche Menge schwerer Flüche zwölf Päkchen mit religiöser Litteratur hervorrufen, wenn sie unparteiisch an die Mannschaften von zwölf Flößen verteilt werden, die eigens deshalb an einem heißen Tag eine Stunde weit gerudert haben.

Wie schon gesagt, brachte das starke Steigen des Flusses eine neue Welt in meinen Gesichtskreis. Sobald der Strom über seine Ufer getreten war, hatten wir unsere alten Pfade verlassen und kletterten stündlich über Sandbänke, die vorher zehn Fuß aus dem Wasser emporgeragt hatten; wir fuhren dicht an steilen Ufern hin, wie z. B. am unteren Ende von Madrid Bend, die ich vorher immer hatte meiden sehen; wir steuerten durch Engen wie die von 82, wo die Einfahrt am unteren Ende eine ununterbrochene Waldmauer war, daß wir sie fast mit dem Buge berührten. In einigen dieser Engpässe glaubte man sich in einen Urwald versetzt. Dichter, jungfräulicher Wald hing über beide Ufer des gewundenen Fahrpasses und man erhielt den Eindruck, als ob noch nie ein menschliches Wesen hier eingedrungen sei. Hängende Weinreben schlangen sich von Baum zu Baum, schimmernde Lichtungen und grüne Winkel zeigten sich dem Blick beim Vorüberdampfen; blühende Schlingpflanzen, deren rote Blüten sich auf den Gipfeln abgestorbener Bäume wiegten; der ganze Reichtum des Waldlaubwerks schien hier mit verschwenderischer Hand ausgestreut. In den engen Durchfahrten steuerte sich's prächtig; sie waren tief, ausgenommen am oberen Ende; die Strömung war schwach; unterhalb der Landspitzen stand das Wasser geradezu stille; die steilen Ufer waren in dichtes Weidengebüsch eingehüllt, welches weit in den Fluß hineinragte, so daß das Boot beim Vorüberfahren zur Hälfte in demselben begraben war.

Hinter anderen Inseln fanden wir elende kleine Farmen und noch elendere kleine Blockhütten; da ragten gebrechliche Holzzäune einen oder zwei Fuß aus dem Wasser, und oben auf dem Zaun kauerten ein paar gelblich aussehende, fieberfröstelnde Mannsleute, die Ellbogen auf den Knieen, das Kinn in die Hände gestützt, Tabak kauend und das Resultat durch die Zahnlücken auf vorübertreibende Holzstücke entladend, während die übrigen Familienglieder und die wenigen Haustiere sich auf einem leeren Flachboot zusammendrängten, das in der Nähe verankert lag. In diesem Flachboot mußte die Familie eine Reihe von Tagen, zuweilen sogar Wochen, kochen, essen und schlafen, bis der Fluß zwei oder drei Fuß fiel und ihnen die Rückkehr zu ihrer Blockhütte gestattete. Diesem Kampieren auf dem Wasser waren diese Leute ein paarmal im Jahre ausgesetzt; beim Steigen des Ohio im Dezember und beim Steigen des Mississippi im Juni. Und das waren noch glückliche Fügungen, denn sie ermöglichten es den armen Geschöpfen, wenigstens hin und wieder von den Toten aufzuerstehen und einen Blick aufs Leben zu werfen, wenn ein Dampfboot vorüberfuhr. Sie wußten die Segnung auch zu würdigen, denn sie rissen Mäuler und Augen weit auf und benützten diese Gelegenheit in ausgiebiger Weise. Was mochten diese verbannten Geschöpfe wohl während der Zeit des niederen Wasserstandes anfangen, um nicht an Langeweile und Schwermut zu sterben?

Einmal fanden wir in einer dieser lieblichen Inselpassagen unser Fahrwasser von einem hohen umgefallenen Baum vollständig überbrückt. Das läßt ersehen, wie schmal einige dieser Engen waren. Die Passagiere konnten sich eine Stunde lang in einer jungfräulichen Wildnis vergnügen, während die Schiffsmannschaft den Baum abhackte; denn an ein Umkehren war gar nicht zu denken.

Von Kairo bis Baton Rouge hat man, wenn der Strom über die Ufer getreten ist, bei Nacht keine besondere Schwierigkeit, denn die tausend Meilen lange dichte Waldmauer, welche den Weg der ganzen Länge nach einfaßt, wird nur hier und da von einer Farm oder einem Holzplatz unterbrochen, es ist deshalb ebensowenig möglich, aus dem Fahrwasser zu kommen, als aus einer eingezäunten Gasse. Von Baton Rouge bis New-Orleans aber liegt die Sache ganz anders: der Strom ist mehr als eine englische Meile breit und sehr tief – an manchen Stellen bis zu zweihundert Fuß. Beide Ufer sind auf einer Strecke von weit mehr als hundert englischen Meilen ganz von Gehölz entblößt und von einer ununterbrochenen Reihe von Zuckerfeldern eingefaßt, zwischen denen nur hier und da ein einzelner oder eine Reihe, gleichsam zur Zierde dienender, Chinabäume steht. Das Gehölz ist zwei bis vier Meilen weit bis hinter die Pflanzungen gänzlich ausgerodet. Wenn der erste Frost droht, bringen die Pflanzer eiligst ihre Ernte herein; wenn sie mit dem Mahlen des Zuckerrohrs fertig sind, bilden sie aus dem Abfall, der sogenannten Bagasse, große Haufen, welche dann verbrannt werden. In andern Zuckerländern wird dieser Abfall als Brennmaterial für die Öfen der Zuckermühlen verwendet. Diese feuchten Bagassehaufen verbrennen sehr langsam und rauchen wie die Küche des Teufels.

Ein zehn bis fünfzehn Fuß hoher Damm schützt beide Ufer des Mississippi auf der ganzen Strecke des unteren Stromlaufes und dieser Damm zieht sich in einer Entfernung von zehn bis zu hundert Fuß rückwärts vom Uferrande entlang – meist sind es dreißig bis vierzig Fuß. Nun lasse man diese ganze Strecke von einer undurchdringlichen Masse Rauchs, der aus einer hundert Meilen langen Reihe von brennenden Bagassehaufen emporsteigt, erfüllt sein, während der Fluß die Ufer überschwemmt hat, und versetze sich auf einen Dampfer, der um Mitternacht passieren muß! Und dann denke man sich hinein, wie einem dabei zu Mute ist! Man befindet sich draußen inmitten einer trüben uferlosen See, die in der düstern Ferne verschwimmt und sich verliert; denn die Umrisse des schmalen Dammes sind nicht zu erkennen. Den Pflanzungen selbst hat der Rauch ein ganz verändertes Aussehen gegeben; sie sehen wie ein Teil der See aus. Während der ganzen Wache wird man von der Qual der größten Ungewißheit gefoltert; man hofft noch im Strom zu sein, weiß es aber nicht. Man weiß nur soviel gewiß, daß man dem Ufer und dem Untergang auf sechs Fuß nahe sein kann, während man eine gute halbe englische Meile vom Ufer entfernt zu sein glaubt. Und falls das Boot plötzlich auf den Damm stößt und die Schornsteine über Bord fallen, bleibt einem jedenfalls der geringe Trost, daß man eigentlich nichts anderes erwartet hat. Eines der großen Vicksburger Paketbote schoß eines Nachts in eine Zuckerpflanzung hinein und mußte eine volle Woche dort bleiben. Aber dies war nichts Neues; es war schon öfters geschehen.

Ich glaubte dieses Kapitel schon beendigt zu haben, möchte aber jetzt noch einen seltsamen Vorgang erwähnen, so lange er mir im Sinne ist. Es gab einmal einen ausgezeichneten Lotsen auf dem Flusse, einen Herrn X., der ein Nachtwandler war. Wenn er sich wegen einer schwierigen Stromstrecke Sorgen machte, stand er, wie man erzählt, des Nachts auf, wandelte im Schlaf umher und that allerlei seltsame Dinge. Einmal war er während einiger Fahrten mit einem gewissen George Ealer zusammen Lotse auf einem großen Passagierdampfer aus New-Orleans. Letzterem war es daher auf der ersten Reise neben einem solchen Kameraden anfangs ziemlich unbehaglich, er beruhigte sich indessen bald, als er wahrnahm, daß X. ruhig im Bett schlief. Eines Abends kam das Boot spät nach Helena in Arkansas; der Wasserstand war niedrig und die Überfahrt oberhalb der Stadt von einem Ufer zum andern eine sehr schwierige und verwickelte Aufgabe. X. hatte die Stelle später passiert als Ealer, und da die Nacht besonders regnerisch, düster und nebelig war, überlegte Ealer, ob es nicht besser wäre, X. zur Mithilfe beim Passieren der Strecke zu rufen, als sich die Thüre öffnete und X. hereintrat. Nun ist in sehr finstern Nächten das Licht ein Todfeind des Lotsen; es ist bekannt, daß man aus einem erleuchteten Zimmer die Gegenstände auf der dunkeln Straße nicht genau erkennen kann, während man sie ziemlich deutlich sieht, wenn man das Licht auslöscht und sich in der Dunkelheit befindet. Deshalb rauchen die Lotsen bei sehr dunkler Nacht nicht, dulden im Steuerhaus kein Feuer im Ofen, wenn dieser einen Sprung hat, durch den auch nur der schwächste Strahl entweichen kann, und lassen die Feuerstellen mit großen Segeltüchern verhängen und das Oberlicht dicht verschließen. Dann strahlt kein Licht vom Boote aus. Die unbestimmte Gestalt, die jetzt ins Steuerhaus trat, hatte Herrn X.s Stimme und sagte:

„Laß mich das Boot führen, George; ich habe die Strecke erst kürzlich gesehen, und sie ist so gekrümmt, daß ich dort leichter selbst lotsen als dir sagen kann, wie man's machen muß.“

„Sehr freundlich von dir; ich nehme mit Dank an. Hab' keinen Tropfen Schweiß mehr im Leibe. Ich bin wie ein Eichhörnchen mit dem Rade herumgetanzt, so oft hab' ich hin und herdrehen müssen. Es ist so finster, daß ich nicht sagen kann, nach welcher Richtung das Boot sich wendet.“

Damit setzte sich Ealer keuchend und atemlos auf die Bank. Das schwarze Gespenst ergriff, ohne ein Wort zu sagen, das Rad, gab dem walzenden Dampfer mit einigen Drehungen eine feste Richtung und stand dann gemächlich da und steuerte so ruhig und stetig, als ob es Mittag gewesen wäre. Als Ealer dieses wunderbare Steuern beobachtete, wünschte er, er hätte nicht gebeichtet! Er war ganz starr vor Verwunderung und sagte schließlich:

„Ich hatte mir eingebildet, ich könne ein Dampfboot steuern, sehe aber ein, daß ich mich wieder einmal geirrt habe.“

X. sagte nichts, sondern steuerte ganz gemächlich und ruhig weiter. Er gab mit der Glocke Befehle für den Mann am Lot, ließ den Dampf teilweise abblasen und steuerte das Boot sorgfältig und glatt nach unsichtbaren Merkzeichen, stand dann ruhig vor der Mitte des Rades und blickte in die schwarze Nacht hinaus, vorwärts und rückwärts, um seine Position festzustellen; als die Lotungen immer seichteres Wasser anzeigten, ließ er die Maschinen gänzlich stoppen; darauf folgte Totenstille und das Hangen und Bangen des „Treibens"; als das seichteste Wasser erreicht war, ließ er volle Dampfkraft geben, führte das Boot prächtig hinüber und begann dasselbe vorsichtig in das nächste System der Flachwasser-Marken zu steuern. Dort arbeitete er mit Lot und Maschinen in derselben geduldigen, sorgfältigen Weise; das Boot glitt hindurch, ohne den Grund zu berühren und dampfte in die dritte und letzte Schwierigkeit der Kreuzungsstrecke. Unmerklich bewegte es sich durch die Finsternis, fuhr langsam zwischen den Marken, trieb allmählich weiter, bis das seichteste Wasser ausgerufen wurde, und schwang sich dann mit vollem Dampf über das Riff, in tiefes Wasser und in Sicherheit!

Ealer ließ den langverhaltenen Atem in einem tiefen, erleichternden Seufzer ausströmen und sagte:

„Das ist das netteste Stück Lotsenarbeit, das je auf dem Mississippi geschah! Würde nicht glauben, daß es möglich wäre, wenn ich's nicht selbst gesehen hätte."

Da keine Antwort erfolgte, fügte er hinzu:

„Halte das Ruder nur noch fünf Minuten, Kamerad, damit ich hinunterlaufen und eine Tasse Kaffee trinken kann."

Eine Minute später aß Ealer unten in der Kajüte ein Stück Kuchen und labte sich an einer Tasse Kaffee. Da kam zufällig der Nachtwächter herein; als er wieder hinaus wollte, bemerkte er Ealer und rief: „Wer ist am Ruder, Sir?"

„X."

„Rennen Sie nach dem Steuerhaus, rascher wie der Blitz."

Im nächsten Augenblick flogen beide Männer die Treppe zum Steuerhaus hinauf, immer drei Stufen auf einmal. Niemand dort! Der große Dampfer tanzte ganz nach seinem Belieben die Mitte des Stromes hinab! Der Wächter stürzte wieder hinaus; Ealer ergriff das Rad, ließ eine Maschine mit Macht rückwärtsarbeiten und hielt den Atem an, während das Boot sich mit

Widerstreben von der Insel zurückzog, die es eben im Begriff gewesen war, mitten in den Golf von Mexiko hinein zu schleudern.

Bald darauf kam der Wächter zurück und fragte:

„Hat Ihnen denn der Mondsüchtige nicht gesagt, daß er schlief, als er zuerst heraufkam?"

„Nein!"

„Nun, ich kann's bezeugen. Ich kam gerade dazu, wie er oben auf den Geländern herumspazierte, gerade so sorglos, wie ein anderer auf dem Straßenpflaster gehen würde, und brachte ihn zu Bett; und nun zur Minute war er auf dem Hinterdeck, wo er dieselbe Seiltänzerteufelei anstellte."

„Nun, wenn er wieder einen von diesen Anfällen hat, will ich dabeibleiben; aber ich hoffe, daß er noch oft solche hat. Du hättest nur sehen sollen, wie er das Boot durch die Helena-Kreuzung hindurchsteuerte. Habe in meinem Leben nichts Prächtigeres gesehen. Herrgott, wenn er so „goldblatt-, glacéhandschuh-, diamantnadelartig" lotsen kann, während er fest schläft, was müßte der erst leisten, *wenn er tot wäre!*"

Das Loten

Wenn der Wasserstand des Flusses sehr niedrig ist und das Dampfboot gerade so tief geht, ja noch ein paar Zoll mehr, als Wasser da ist, wie es damals häufig vorkam, dann muß man beim Lotsen ziemlich vorsichtig sein. Bei sehr niedrigem Stande des Flusses mußten wir fast auf jeder Reise auf einer Anzahl besonders schlimmer Stellen loten.

Das Loten geschieht in folgender Weise. Das Boot wird zunächst dicht am Ufer festgemacht, gerade oberhalb der seichten Kreuzung; dann nimmt der wachfreie Lotse seinen Lehrling oder Steuerer und eine auserlesene Schar Matrosen (manchmal auch einen Offizier) und fährt – vorausgesetzt, daß das Boot nicht jenen seltenen und kostbaren Luxusartikel, ein eigens gebautes Lotungsboot besitzt – mit der Jolle hinaus, um nach dem besten Wasser zu suchen, während der wachhabende Lotse auf dem Dampfboot inzwischen seine Bewegungen durch ein Fernglas beobachtet und dieselben zuweilen durch Signale mit der

Dampfpfeife „Versuchts weiter oben“ oder „Versuchts weiter unten“ unterstützt; denn die Oberfläche des Wassers ist, wie ein Ölgemälde, aus einiger Entfernung betrachtet ausdrucksvoller und verständlicher, als ganz aus der Nähe gesehen. Die Pfeifensignale sind indessen nur selten notwendig – und vielleicht nur dann, wenn der Wind die bedeutungsvollen kleinen krausen Wellenbewegungen auf dem Wasser stört. Wenn die Jolle die seichte Stelle erreicht hat, wird die Fahrgeschwindigkeit vermindert, der Lotse beginnt mit einer zehn bis zwölf Fuß langen Stange die Tiefe zu messen, und der Mann an der Ruderpinne gehorcht aufs schnellste jedem Befehl des Lotsen, das Boot nach Steuerbord oder Backbord zu lenken oder den geraden Kurs zu verfolgen.

Wenn die Messungen anzeigen, daß sich das Boot dem flachsten Teil des Riffs nähert, folgt das Kommando: „Stopp Rudern!“ Die Leute hören auf zu rudern und die Jolle treibt mit der Strömung. Der nächste Befehl ist: „Klar bei der Boje!“ In dem Augenblick, wenn der seichteste Punkt erreicht ist, ruft der Lotse: „Los die Boje!“ die dann über Bord geht. Ist der Lotse nicht ganz befriedigt, so peilt er die Stelle nochmals; und wenn er weiter nach oben oder unten mehr Wasser findet, so läßt er die Boje dorthin bringen. Ist er endlich befriedigt, so giebt er den Befehl, daß alle Leute ihre Remen in einer Linie in die Höhe halten; ein Pfiff vom Dampfboot zeigt an, daß man das Signal gesehen hat; die Leute ziehen die Remen an und legen die Jolle längsseits von der Boje. Der Dampfer kommt nunmehr langsam und behutsam herab, den Bug gerade auf die Boje gerichtet, spart seine Kraft aber auf für den bevorstehenden Kampf; im kritischen Augenblick geht er mit vollem Dampf knirschend und schwankend über Boje und Sand, um das tiefe Wasser auf der andern Seite zu gewinnen – oder auch nicht; vielleicht „stößt er auf und schwingt herum“ und muß dann stunden- oder tagelang arbeiten, bis er wieder flott wird.

Zuweilen wird gar keine Boje gelegt, sondern die Jolle fährt voran, um das beste Wasser aufzusuchen, und der Dampfer folgt in ihrem Kielwasser. Oft ist das Loten sehr lustig und aufregend, besonders an schönen Sommertagen oder in stürmischen Nächten. Im Winter wird der Spaß aber durch Kälte und Gefahr größtenteils verdorben.

Eine Boje ist nichts als ein vier oder fünf Fuß langes Brett, dessen eines Ende rechtwinkelig umgebogen ist; sie ist wie eine umgekehrte Schulbank, die nur einen Fuß besitzt, während der andere abgenommen ist. Sie wird an der flachsten Stelle des Riffes mit einem Tau, an dem ein schwerer Stein hängt, verankert; ohne den Widerstand des umgebogenen Teiles des Brettes würde die

Strömung die Boje unter Wasser ziehen. Des Nachts wird oben auf der Boje eine Papierlaterne mit einer Kerze darin befestigt, die als kleiner, schimmernder Fleck eine englische Meile weit und mehr in der schwarzen Wüstenei zu sehen ist.

Nichts freut einen Lotsenlehrling mehr als eine Gelegenheit zum Loten. Die Sache hat einen so abenteuerlichen Zug; oft ist Gefahr dabei; und dann ist es so lustig und kriegsschiffmäßig, hinten im Boot zu sitzen und eine schnelle Jolle zu steuern; es ist etwas Köstliches, das fröhliche Hüpfen eines Boots, wenn auserlesene alte Matrosen mit aller Macht sich in die Remen legen. Lieblich ist's, zu sehen, wie der weiße Schaum vom Bug wegströmt; es liegt Musik im Rauschen des Wassers, und im Sommer ist es köstlich erheiternd, über die kühlen Stromflächen dahinzuschießen, wenn eine Menge kleiner Wellen in der Sonne tanzt. Und dann ist es so erhaben für den Lehrling, vielleicht die Gelegenheit zu haben, einen Befehl geben zu dürfen; denn oft sagt der Lotse einfach: „wenden!" und überläßt das andere seinem Lehrling, der mit kräftigster Kommandostimme augenblicklich ruft: „Langsam an Steuerbord! Pull Backbord! Pull weg, Steuerbord! Tüchtig, Leute!" Den angehenden Lotsen freut das Loten aus dem ferneren Grunde, weil die Blicke der Passagiere alle Bewegungen der Jolle mit gespanntestem Interesse verfolgen, – das heißt bei Tage; und wenn es Nacht ist, weiß er, daß dieselben staunenden Augen auf die Laterne des Bootes gerichtet sind, wie sie hinausgleitet in die Finsternis und in weiter Ferne allmählich verschwindet.

Auf einer Fahrt verbrachte ein hübsches Mädchen von sechzehn Jahren, welche mit Onkel und Tante reiste, seine ganze Zeit im Steuerhaus. Ich verliebte mich in sie, Tom G. – –, Herrn Thornburys Lehrling, gleichfalls. Tom und ich waren bis dahin Busenfreunde gewesen; jetzt aber begann eine gewisse Kälte zwischen uns einzutreten. Ich erzählte dem Mädchen viele meiner Abenteuer auf dem Strom und spielte mich so heldenmäßig wie möglich auf; ebenso wollte Tom sich für einen Helden ausgeben, und es gelang ihm auch bis zu einem gewissen Grade; er schmückte eben alles aus. Aber die Tugend findet ihren Lohn in sich selbst, und so war ich denn in dem Wettlauf um ihre Gunst ein wenig voraus. Um diese Zeit geschah etwas, von dem ich mir sehr viel versprach: die Lotsen beschlossen, die Wassertiefe der Kreuzung am oberer Ende von 21 zu peilen. Das würde etwa um neun oder zehn Uhr abends geschehen, – zu einer Zeit, in der die Passagiere noch wach waren. Herr Thornbury würde die Wache, mein Lehrmeister also das Loten zu besorgen haben. Wir hatten ein allerliebstes

Boot zum Loten – lang, schmuck, anmutig und so schnell wie ein Windspiel; die Ruderbänke waren gepolstert; es führte zwölf Ruderer; und einer der Steuerleute wurde stets mitgeschickt, um der Rudermannschaft die Befehle zu übermitteln, da es auf unserem Dampfer unendlich stilvoll zuging.

Wir befestigten den Dampfer oberhalb 21 am Ufer und machten alles bereit. Es war eine schlimme Nacht und der Fluß so breit, daß die ungeübten Augen einer Landratte durch eine solche Finsternis das entgegengesetzte Ufer nicht unterscheiden konnten. Die Passagiere waren munter und voll Interesse; alles ging befriedigend. Als ich, malerisch in Ölzeug gehüllt, durch den Maschinenraum eilte, begegnete mir Tom, und ich konnte nicht unterlassen, ihn anzureden; ich fragte ihn:

„Bist du nicht froh, daß *du* nicht zum Loten hinaus mußt?"

Tom wollte vorübergehen, wandte sich aber rasch um und sagte:

„Höre, nun kannst du dir selbst die Peilstange holen. Ich war auf dem Wege darnach, möchte dich aber jetzt lieber in – Halifax sehen, als sie holen."

„Wer verlangt, daß du sie holst? Ich nicht. Sie ist im Boot."

„Nein, sie ist nicht dort. Sie ist frisch angestrichen worden und liegt seit zwei Tagen auf der Damenkajüte zum Trocknen."

Ich flog zurück und gelangte gleich darauf unter die Schar beobachtender und staunender Damen – gerade früh genug, um das Kommando zu hören:

„Stoßt ab, Leute!"

Ich schaute hinüber und sah das schmucke Boot dahinfliegen, der gewissenlose Tom saß am Steuer, neben ihm mein Lehrmeister mit der Peilstange, mit der ich in den April geschickt worden war. Da sagte das junge Mädchen zu mir:

„O, wie entsetzlich, in einer solchen Nacht in dem kleinen Boot hinausfahren zu müssen! Glauben Sie, daß Gefahr dabei ist?"

Ich wünschte mir geradezu den Tod; voller Gift entfernte ich mich, um im Steuerhaus zu helfen. Bald darauf verschwand die Bootslaterne, und nach einer kurzen Zwischenzeit blitzte in der Entfernung von etwa einer Meile ein ganz schwacher Funke auf dem Wasser auf. Herr Thornbury gab zum Zeichen, daß er das Licht gesehen, ein Signal mit der Dampfpfeife, brachte den Dampfer in den Strom und steuerte auf das Licht zu. Wir flogen eine Weile dahin, verlangsamten dann die Fahrt und glitten vorsichtig auf den Lichtfunken zu. Gleich darauf rief Herr Thornbury:

„Hallo, die Bojenlaterne ist verlöscht."

Er ließ die Maschinen stoppen; einen Augenblick später sagte er:

„Ei, da ist sie wieder!"

Wieder setzte er die Maschinen in Gang und ließ das Lot auswerfen. Nach und nach wurde das Wasser seichter, dann wurde es wieder tiefer! Herr Thornbury murmelte:

„Nun, das begreife ich nicht. Ich glaube, die Boje ist von dem Riff weggetrieben; scheint mir ein wenig zu weit links zu sein. Gleichviel, es ist jedenfalls am sichersten, drüber wegzufahren."

So steuerten wir denn in der undurchdringlichen Finsternis langsam auf das Licht zu. Gerade als unser Bug darüber hinpflügen wollte, griff Herr Thornbury nach den Glockenzügen, schellte mit aller Macht und rief aus:

„Bei meiner Seele, es ist das Boot!"

Ein Chor von wilden Alarmrufen stieg plötzlich von unten herauf – eine Pause – und dann folgte ein knirschender, krachender Ton. Herr Thornbury schrie:

„Da! Das Schaufelrad hat das Boot zu Zündhölzchen zerschmettert! Geschwind, sieh nach wer getötet ist!"

Im Nu war ich auf dem Hauptdeck. Mein Lehrmeister, der dritte Steuermann und fast alle Ruderer waren wohlbehalten. Sie hatten die Gefahr, in der sie schwebten, erst entdeckt, als es zu spät zum Ausweichen war; im Moment, als der große Radkasten sie beschattete, waren sie bereits gefaßt und wußten, was sie zu thun hatten; auf Befehl meines Lehrmeisters sprangen sie im rechten Augenblick auf, ergriffen den Radkasten und wurden an Bord gezogen. Im nächsten Augenblick wurde die Jolle nach dem Schaufelrad geschleudert, von diesem erfaßt und zu Atomen zersplittert. Zwei der Leute und Tom fehlten – eine Thatsache, die sich wie ein Lauffeuer auf dem Dampfer verbreitete. Die Passagiere kamen in Scharen nach den vorderen Gängen, alle Damen und Herren mit besorgten Blicken, blassen Wangen, und sprachen mit gepreßter Stimme von dem schrecklichen Vorfall. Und oft und immer wieder hörte ich sie sagen: „Arme Burschen! Armer Junge, armer Junge!"

Mittlerweile war eine Jolle bemannt worden und abgefahren, um nach den Vermißten zu suchen. Jetzt ließ sich ein schwacher Ruf hören, weit entfernt nach links, während die Jolle in der entgegengesetzten Richtung verschwunden war. Die Hälfte der Leute stürzte nach der einen Seite, um den Schwimmer mit ihren Zurufen zu ermutigen; die andere Hälfte eilte nach rechts, um der Jolle zuzuschreien, daß sie umkehren solle. Dem Schall nach näherte sich der Schwimmer, aber einige sagten, das Rufen zeige ein Nachlassen der Kräfte. Die Menge drängte sich an der Reling des Kesseldecks zusammen, lehnte sich hinüber und starrte in die Finsternis hinaus, und jeder schwache und schwächere Schrei entrang ihnen Worte wie: „Ach der arme, arme Kerl! ist denn keine Möglichkeit vorhanden, ihn zu retten?“

Aber noch immer dauerten die Rufe fort und kamen näher, und endlich erschollen die Worte:

„Ich kann's aushalten! Klar bei der Leine!“

Mit welch donnerndem Hurra sie ihn empfingen! Der erste Steuermann, mit einer langen Leine in der Hand, stellte sich in den Schein einer Fackel, und seine Leute gruppierten sich um ihn. Im nächsten Augenblick erschien das Gesicht des Schwimmers im Lichtkreise, und in einem weiteren Augenblick war der letztere ermattet und durchnäßt an Bord geholt, während zahllose Hurrarufe ihn begrüßten. Es war der verteufelte Tom.

Die Bootsmannschaft suchte überall, fand aber keine Spur von den beiden Ruderern. Es war ihnen wahrscheinlich nicht gelungen, den Radkasten zu erfassen, und sie waren zurückgefallen, vom Rade getroffen und getötet worden. Tom war überhaupt nicht nach dem Radkasten gesprungen, sondern hatte sich kopfüber in den Strom gestürzt und war unter das Rad getaucht. Es war nicht viel dabei; ich hätte es leicht nachmachen können und sagte es auch; aber trotzdem fuhr jedermann fort, soviel Aufhebens von dem Esel zu machen, als ob er Wunder was gethan hätte. Jenes Mädchen schien während der übrigen Dauer der Fahrt gar nicht genug bekommen zu können von jenem kläglichen „Helden“; mir war's aber einerlei; ich verabscheute sie so oder so.

Daß wir die Laterne des Peilbootes irrtümlich für das Bojenlicht hielten, hatte folgenden Grund. Mein Lehrmeister sagte, er sei, nachdem die Boje gelegt war, weitergetrieben und habe sie beobachtet, bis sie festzuliegen schien; dann habe er etwa hundert Meter unter ihr Stellung genommen, etwas seitwärts vom Kurs des Dampfers, den Bug des Boots stromaufwärts gerichtet und gewartet. Da einige Zeit verfloß, begannen er und der Steuermann zu plaudern. Als er glaubte, daß der Dampfer ungefähr auf dem Riff sein mußte, blickte er auf und sah, daß die Boje fort war, meinte aber, der Dampfer sei bereits darüber hinweggefahren. Er plauderte daher fort und bemerkte dann, daß der Dampfer sehr dicht an ihn herankam; indessen war das ganz korrekt: er mußte dicht an ihm vorbeifahren, um die Mannschaft bequem an Bord nehmen zu können. Er erwartete bis zum letzten Augenblick, daß der Dampfer abscheren würde; da derselbe die Richtung jedoch nicht änderte, ging ihm plötzlich durch den Sinn, ob nicht der Dampfer seine Laterne für das Bojenlicht hielte und das Boot niederrennen würde. Er rief also: „Klar zum Überspringen auf den Radkasten, Leute!" und im nächsten Augenblick wurde der Sprung ausgeführt.

Was ein Lotse braucht

Ich schweife aber von meinem Vorsatz ab, einige besondere Erfordernisse der Lotsenwissenschaft klarer zu machen, als vielleicht aus den vorhergehenden Artikeln ersichtlich ist. Da ist vor allem eine Fähigkeit, die ein Lotse unaufhörlich pflegen muß, bis er es darin zu absoluter Vollkommenheit gebracht hat: nur die Vollkommenheit genügt. Diese Fähigkeit ist das Gedächtnis. Er darf sich nicht damit begnügen, daß er bloß *denkt*, ein Ding ist so und so; er muß es *wissen*, denn das Lotsen ist in hohem Grade eine „exakte" Wissenschaft. Mit welcher Verachtung wurde doch in den alten Zeiten ein Lotse angeschaut, wenn er es je wagte, sich der schwachen Redensart „Ich denke" zu bedienen, statt der kräftigen „Ich weiß!" Man kann sich nicht leicht einen Begriff davon machen, wie schwer es ist, jede geringfügige Einzelheit an einem zwölfhundert Meilen langen Strom und zwar mit unbedingter Genauigkeit zu kennen. Man nehme die längste Straße in New-York z. B., gehe darin auf und ab und studiere geduldig alle ihre Merkmale, bis man jedes Haus, jedes Fenster, jede Thür, jeden Laternenpfahl und jedes große und kleine Zeichen auswendig und so genau kennt, daß man augenblicklich weiß, wo man sich befindet, wenn man mitten in einer tintenschwarzen Nacht in jener Straße niedergesetzt wird: dann wird man einen ungefähren Begriff von dem Umfang und der Genauigkeit der Kenntnis eines Lotsen haben, der den ganzen Mississippistrom in seinem Kopf herumträgt. Und wenn man dann fortfährt, bis man jede Straßenkreuzung, das Aussehen, die Größe und Lage der Trottoirsteine und die wechselnde Tiefe des Kotes an jeder dieser zahllosen Stellen kennt, dann hat man eine Idee von dem, was der Lotse wissen muß, um einen Mississippidampfer vor Unheil zu bewahren. Wenn man dann die Hälfte jener Merkzeichen nimmt, ihre Plätze monatlich ändert und es trotzdem fertig bringt, ihre neue Lage bei dunkler Nacht genau zu wissen und sich auf dem Laufenden zu erhalten bezüglich dieser Änderungen, ohne Irrtümer zu begehen, so wird man verstehen, was der unbeständige Mississippi von dem unvergleichlichen Gedächtnis eines Lotsen fordert.

Ich glaube, das Gedächtnis eines Lotsen ist so ziemlich das Wunderbarste in der Welt. Das alte und neue Testament auswendig wissen und vorwärts und rückwärts fließend hersagen oder irgendwo in der Bibel aufs Geratewohl anfangen und sie nach beiden Richtungen hersagen zu können, ohne je zu stocken oder einen Irrtum zu begehen, ist kein übertrieben großes Maß von Wissen und nichts Wunderbares, verglichen mit dem aufgespeicherten Wissen eines Lotsen vom Mississippi und seiner merkwürdigen Leichtigkeit in der Handhabung desselben. Ich stellte diesen Vergleich nach reiflicher Überlegung an und glaube, damit der Wahrheit keinen Zwang anzuthun. Viele werden das Gleichnis für übertrieben halten, Lotsen aber nicht.

Und wie leicht und gemächlich thut das Gedächtnis des Lotsen seine Arbeit, wie still und mühelos ist seine Methode, wie *unbewußt* häuft es seine ungeheuren Schätze auf, Stunde für Stunde, Tag für Tag, ohne je ein einziges wertvolles Päckchen davon zu verlieren oder zu verlegen! Nehmen wir ein Beispiel. Der Mann am Lot ruft „Zweieinhalb Faden! zweieinhalb Faden! zweieinhalb Faden!“ bis der Ruf so eintönig wird, wie das Ticken einer Uhr; die Unterhaltung geht unterdessen weiter, der Lotse nimmt ebenfalls daran teil und lauscht dem Rufen nur noch unbewußt; nun werde inmitten dieser endlosen Reihe von „Zweieinhalb Faden“ ein einziges „Zweieinviertel Faden!“ geworfen und dann möge es wieder weitergehen wie zuvor; zwei oder drei Wochen später kann der Lotse ganz genau die Lage des Bootes im Strome in dem Augenblicke, als jener Ruf „Zweieinviertel Faden!“ ertönte, beschreiben und einem so viele Marken nach vorn, nach hinten und nach den Seiten angeben, daß man selbst imstande sein würde, das Boot dorthin und in die nämliche Lage zu bringen! Der Ruf „Zweieinviertel Faden“ zog seine Gedanken in Wirklichkeit nicht von dem Gespräche ab, aber sein trefflich geschulter Geist vergegenwärtigte sich sogar die Peilungen bildlich, bemerkte die Veränderung in der Tiefe und bewahrte die wichtigen Einzelheiten für künftige Fälle auf, alles wie von selbst und ohne sein Wissen und Wollen. Wenn du, lieber Leser, mit einem Freund spazieren gingest und plaudertest, und ein zweiter Freund an deiner Seite wiederholte fortwährend, ein paar hundertmal den Buchstaben A und würfe einmal – ganz unauffällig – ein R dazwischen, so würdest du nach zwei oder drei Wochen weder sagen, ob überhaupt ein R eingeworfen wurde, noch die Gegenstände beschreiben können, an denen du vorübergingst, als das R geäußert wurde; du würdest aber dazu imstande sein, wenn du dein Gedächtnis durch beharrliche und mühsame Schulung dahin gebracht hättest, diese Art Arbeit mechanisch zu verrichten.

Hat ein Mann von Anfang an ein ziemlich gutes Gedächtnis, so wird dieses durch das Lotsen zu einem wahren Koloß an Leistungsfähigkeit entwickelt werden – aber *nur in den Dingen, in welchen es täglich geübt wird.* Mit der Zeit muß es soweit kommen, daß der Geist eines solchen Mannes nicht umhin kann, sich die Landmarken und Wassertiefen zu merken, und daß sein Gedächtnis daran festhält mit der Zähigkeit eines Lasters; aber wenn man denselben Mann um Mittag fragen würde, wo er gefrühstückt habe, so wäre zehn gegen eins zu wetten, daß er es nicht mehr weiß. Mit dem menschlichen Gedächtnis kann Erstaunliches vollbracht werden, wenn man es treulich einem besonderen Berufszweig widmet.

Zu der Zeit, als die Löhne auf dem Missouri sehr hoch hinaufgingen, begab sich mein Lehrmeister, Herr Bixby, dorthin und „lernte“ mit erstaunlicher Leichtigkeit und Raschheit mehr als tausend Meilen von jenem Strom. Als er jeden Teil des Flusses einmal bei Tag und einmal bei Nacht gesehen hatte, war seine Ausbildung so nahezu vollendet, daß er sich eine „Tageslicenz“ löste; nach ein paar weiteren Fahrten löste er sich eine volle Licenz und begann Tag und Nacht zu lotsen – und zwar als Lotse ersten Ranges.

Herr Bixby gab mich für einige Zeit als Steurer einem Lotsen mit, dessen Gedächtnisleistungen mir fortwährend ein Wunder waren. Ich glaube jedoch, das Gedächtnis war ihm angeboren, nicht anerzogen. Erwähnte z. B. jemand einen Namen, so fiel Herr Brown – so hieß er – augenblicklich ein:

„O, ich kannte ihn. Blasser, rotköpfiger Bursche mit einer kleinen Narbe auf der rechten Seite des Halses, wie ein Splitter unterm Fleisch. Er trieb erst seit sechs Monaten Handel im Süden; das war vor dreizehn Jahren. Machte eine Reise mit ihm. Der obere Lauf des Flusses war damals fünf Fuß tief; der „Henry Blake“ geriet am unteren Ende der Turminsel mit viereinhalb Fuß Tiefgang fest; der „George Elliot“ verlor sein Ruder am Wrack der „Sonnenblume“ –“

„Ei, die „Sonnenblume“ sank ja erst – –“

„Ich weiß, wann sie sank; es war drei Jahre vorher, am 2. Dezember; Asa Hardy war Kapitän und sein Bruder erster Buchhalter auf ihr; es war auch seine erste Fahrt auf ihr; Tom Jones erzählte mir alles dieses acht Tage später in New-Orleans; er war erster Steuermann auf der „Sonnenblume“. Kapitän Hardy trat sich am 6. Juli nächsten Jahres einen Nagel in den Fuß und starb am 15. an der Mundklemme. Sein Bruder John starb zwei Jahre später – 3. März – Rotlauf. Sah nie einen von den Hardys, – fuhren auf dem Alleghany, – aber Leute, die sie gekannt haben, erzählten mir alles. Und sie sagten auch, Kapitän Hardy habe Sommer wie Winter gestrickte Socken getragen; seine erste Frau hieß Johanna Schook, – sie war aus Neu-England, – und seine zweite starb im Irrenhause. Es lag im Blut. Sie stammte aus Lexington in Kentucky und hieß Norton vor ihrer Verheiratung.“

Und so arbeitete seine Zunge stundenlang fort. Er konnte absolut nichts vergessen; das war ihm rein unmöglich. Die geringfügigsten Einzelheiten waren noch ebenso deutlich und klar in seinem Gedächtnis, nachdem sie jahrelang darin bewahrt waren, wie die denkwürdigsten Ereignisse. Er hatte nicht bloß ein Lotsengedächtnis; der Umfang desselben war universal. Wenn er von einem unwichtigen Brief sprach, den er vor sieben Jahren empfangen, durfte man sicher sein, daß er den ganzen Inhalt wortgetreu aus dem Gedächtnis hersagen konnte. Und dann war es mehr als wahrscheinlich, daß er – ohne selbst zu bemerken, daß er vom rechten Ziele seines Gesprächs abwich – eine weitschweifige Lebensbeschreibung des Schreibers jenes Briefes einfügte; und man konnte wirklich von Glück sagen, wenn er nicht des Schreibers Verwandte, einen nach dem andern, vornahm und auch ihre Lebensläufe schilderte.

Ein derartiges Gedächtnis ist ein großes Unglück; für ein solches sind alle Vorfälle von derselben Wichtigkeit: sein Besitzer kann einen interessanten Umstand von einem uninteressanten nicht unterscheiden. Im Gespräch kann er nicht umhin, seine Geschichte mit ermüdenden Einzelheiten zu überlasten und sich zu einem unausstehlichen Plagegeist zu machen. Und dann vermag er sich nicht an seinen Gegenstand zu halten: er liest jedes Körnchen der Erinnerung, das er auf seinem Weg sieht, auf und wird so abseits geführt. Herr Brown begann z. B. in der redlichen Absicht, uns eine ungeheuer spaßhafte Anekdote von einem Hund zu erzählen. Er kam dabei so sehr ins Lachen, daß er kaum anfangen konnte; dann begann sein Gedächtnis mit der Abstammung und körperlichen Erscheinung des Hundes, ging allmählich über in eine Geschichte seines

Besitzers und dessen Familie mit Beschreibung von Hochzeiten und Begräbnissen, die sich in derselben ereignet hatten, und mit Rezitationen von dadurch hervorgerufenen poetischen Glückwünschen und Nachrufen. Dann erinnerte sich sein Gedächtnis, daß eines dieser Ereignisse während des berühmten „strengen Winters“ in dem und dem Jahre vorfiel, und nun folgte eine eingehende Beschreibung jenes Winters mit den Namen der Leute, die erfroren waren, und eine Statistik der hohen Preise, welche Schweinefleisch und Heu erreichten. Schweinefleisch und Heu erinnerten an Getreide und Futterpflanzen, diese an Kühe und Pferde; letztere brachten ihn auf den Zirkus und berühmte Reiter auf ungesattelten Pferden. Der Übergang vom Zirkus zur Menagerie war leicht und natürlich; vom Elefanten nach Zentralafrika war nur ein Schritt; dann dachte er bei den heidnischen Wilden natürlich an Religion; und am Schlusse eines drei- oder vierstündigen langweiligen Geschwätzes wurde die Wache abgelöst, und Brown schritt aus dem Steuerhaus, Auszüge aus Predigten murmelnd, die er vor Jahren über die Wirksamkeit des Gebets als Gnadenmittel gehört hatte. Und die ursprüngliche erste Erwähnung des Hundes war alles, was man nach all dem Warten und Hungern über diesen erfahren hatte.

Der Lotse muß ein Gedächtnis haben; aber es giebt noch zwei höhere Eigenschaften, die er besitzen muß; gute und schnelle Urteilskraft und Entschlossenheit und einen kühlen, gelassenen Mut, den keine Gefahr erschüttern kann. Ist ein Mann von Anfang an nur ein bißchen herzhaft, so vermag er, wenn er Lotse geworden ist, durch keine Gefahr, in die ein Dampfboot geraten kann, entmannt zu werden. Von der Urteilskraft kann man nicht ganz dasselbe sagen: das Urteilsvermögen ist Sache des Gehirns, und man muß von diesem Artikel schon von Anfang an einen bedeutenden Vorrat haben, wenn man als Lotse Erfolg haben will.

Der Mut wächst im Steuerhause fortwährend und stetig, erreicht aber nicht eher einen hohen und befriedigenden Grad, als bis der junge Lotse eine Zeitlang allein und unter dem drückenden Gewicht der ganzen mit der Stellung verbundenen Verantwortlichkeit selbst die Wache befehligt hat. Wenn ein Lehrling mit dem Strom ziemlich gründlich bekannt geworden ist, jagt er mit seinem Dampfboot bei Tag oder Nacht so furchtlos dahin, daß er sich bald einzubilden beginnt, daß der eigene Mut ihn beseelt; aber sobald sein Meister einmal hinausgeht und ihn sich selbst überläßt, erkennt er, daß es der Mut des letzteren war. Er entdeckt, daß dieser Artikel in seiner Ladung gänzlich fehlt.

Der ganze Strom wimmelt im Augenblick von drohenden Gefahren; er ist nicht darauf vorbereitet, weiß nicht, wie er ihnen begegnen soll; all sein Wissen läßt ihn im Stich, und in zehn Minuten ist er so bleich wie ein Leintuch und fast zu Tode erschreckt. Deshalb erziehen die Lotsen diese Anfänger weise durch strategische Finten dazu, der Gefahr etwas gelassener ins Angesicht zu sehen. Eine ihrer Lieblingsmethoden ist es, den Kandidaten auf den Leim zu locken.

Herr Bixby spielte mir einmal in dieser Weise mit, und noch Jahre nachher errötete ich selbst im Schlaf, wenn ich daran dachte. Ich war ein guter Steuerer geworden – ein so guter, daß ich auf unserer Wache bei Tag und Nacht so ziemlich alle Arbeit zu thun hatte. Herr Bixby machte mir gegenüber selten eine Andeutung; alles, was er je that, war, daß er in besonders schlimmen Nächten oder an besonders schwierigen Stellen das Rad ergriff, daß er das Boot ans Land legte, wenn es nötig war, daß er während neun Zehnteln der Wache den müßigen Herrn spielte und die Gage einstrich. Wenn jemand meine Fähigkeit, irgend eine Kreuzung zwischen Kairo und New-Orleans ohne Hilfe und Anweisung zu passieren, bezweifelt hätte, würde ich mich schwer beleidigt gefühlt haben. Der Gedanke, daß ich mich vor einer dieser Kreuzungen *bei Tage* scheuen sollte, war zu unsinnig, um überhaupt in Betracht zu kommen. Nun, eines unvergleichlich schönen Sommertags dampfte ich die Krümmung oberhalb der Insel 66 hinab. Ich war voll Selbstgefühl und trug die Nase so hoch wie eine Giraffe. Auf einmal sagte Herr Bixby:

„Ich gehe ein wenig hinunter; ich glaube, du kennst die nächste Kreuzung, nicht wahr?“

Das war fast eine Beschimpfung: die Kreuzung war so ziemlich die einfachste und leichteste im ganzen Strom. Man konnte nicht zu Schaden kommen, ob man sie nun richtig durchfuhr oder nicht; und was die Tiefe anbelangt, so hatte man dort noch niemals beim Loten Grund bekommen. Ich wußte das alles sehr gut.

„Ob ich die Kreuzung kenne? Ei, ich könnte sie mit geschlossenen Augen passieren.“

„Wie viel Wasser ist dort?“

„Nun, das ist eine sonderbare Frage. Ich würde dort mit einem Kirchturm keinen Grund bekommen.“

„Meinst du?“

Schon der Ton dieser Frage erschütterte meine Zuversicht; und das war's, was Herr Bixby erwartete. Er entfernte sich darauf, ohne ein Wort weiter zu sagen. Ich begann mir alles mögliche einzubilden. Herr Bixby sandte – natürlich ohne mein Vorwissen – einen Matrosen nach der Back mit geheimnisvollen Weisungen für die Loter; ein anderer Bote flüsterte mit den Offizieren, und dann versteckte sich Herr Bixby hinter einem der Schornsteine, wo er die Folgen beobachten konnte. Gleich darauf schritt der Kapitän auf das Sturmdeck hinaus; dann erschien der erste Steuermann und schließlich der Zahlmeister. Jeden Augenblick vermehrte sich mein Auditorium um einen weiteren Nachzügler, und noch ehe ich zum oberen Ende der Insel kam, waren fünfzehn bis zwanzig Personen da unten vor meiner Nase versammelt. Ich begann neugierig zu werden, was eigentlich los wäre. Als ich quer über den Fluß zu steuern anfing, blickte der Kapitän zu mir herauf und fragte mich in erheuchelter Unruhe:

„Wo ist Herr Bixby?"

„Hinuntergegangen, Sir."

Das gab mir den Rest. Meine Einbildung begann Gefahren aus dem Nichts zu konstruieren, die sich rascher vermehrten, als daß ich sie hätte überblicken können. Ganz plötzlich bildete ich mir ein, ich sähe flaches Wasser vor uns. Der Schrecken, der mir durch die Adern schoß, lähmte fast alle meine Glieder. All mein Vertrauen in jene Kreuzung war auf einmal verschwunden. Ich ergriff den Glockenzug, ließ ihn beschämt wieder fallen, ergriff ihn nochmals, ließ ihn wieder los, umklammerte ihn zitternd nochmals und zog so schwach daran, daß ich selbst den Ton kaum hören konnte. In demselben Augenblick riefen Kapitän und Steuermann wie aus einer Kehle:

„Das Lot an Steuerbord! und rasch dabei!"

Daß war ein zweiter Schlag. Ich ließ das Rad wie ein Eichhörnchen laufen; aber kaum hatte ich das Boot nach Backbord gewendet, als ich auf dieser Seite neue Gefahren sah und wieder auf die andere zusteuerte, nur um an Steuerbord die Gefahren sich anhäufen zu sehen und wieder wie rasend nach Backbord hinüberzuhalten. Und nun ertönte die Grabesstimme des Mannes am Lot: –

„Vier Faden!"

Vier Faden in einer bodenlosen Kreuzung! Der Schreck benahm mir den Atem.

„Drei Faden! ... Drei Faden! ... Zweidreiviertel Faden! ... Zweieinhalb Faden!"

Das war entsetzlich! Ich ergriff den Glockenzug und stoppte die Maschinen.

„Zweieinviertel Faden! Zweieinviertel Faden! Zwei Faden!"

Ich war hilflos und wußte nicht, was in aller Welt ich thun solle. Ich zitterte vom Scheitel bis zur Zehe und hätte meinen Hut an den Augen aufhängen können, so weit standen sie heraus.

„Eindreiviertel Faden! Neuneinhalb *Fuß!*"

Wir gingen neun Fuß tief! Meine Hände waren in nervöser Erregung; ich konnte kein verständliches Glockenzeichen geben. Ich flog zum Sprachrohr und rief dem Maschinisten zu:

„O, Ben, wenn du mich lieb hast, rückwärts! Rasch, Ben, rückwärts mit allem Dampf, den du hast!"

Ich hörte, wie sich die Thür des Steuerhauses leise schloß, sah mich um und – da stand Herr Bixby und lächelte in sanfter, gewinnender Weise. Und nun entstand bei dem Auditorium auf dem Sturmdeck ein wahres Gewitter von demütigendem Gelächter. Ich wußte jetzt, woran ich war, und kam mir niedriger vor als der niedrigste Mensch in der ganzen menschlichen Geschichte. Ich ließ das Loten einstellen, brachte das Boot in seine Marken, ließ die Maschinen wieder vorwärts arbeiten und sagte dann:

„Das war ein feiner Streich, den Sie da einem armen Waisenknaben gespielt haben, nicht wahr? Ich werde es wohl in alle Ewigkeit hören müssen, daß ich ein solcher Esel war, am oberen Ende von 66 das Lot werfen zu lassen."

„Nun, das ist wohl möglich, aber das macht gar nichts; denn ich will, daß du aus dieser Erfahrung etwas lernst. *Wußtest* du nicht, daß in jener Kreuzung kein Grund ist?"

„Ja, Sir, ich wußte es."

„Nun, denn; dann hättest du dein Vertrauen auf dieses Wissen weder von mir noch von einem andern erschüttern lassen sollen. Merke dir das – und noch eins: wenn du an eine gefährliche Stelle kommst, so werde kein Feigling. Das macht die Sache um kein Haar breit besser."

Eine recht gute Lehre das, aber recht hart erlernt; das härteste daran war aber, daß ich monatelang oft eine Redensart hören mußte, gegen die ich einen besonderen Widerwillen gefaßt hatte. Sie lautete: „O, Ben, wenn du mich lieb hast, rückwärts!"

Rang und Würde des Lotsen

In den vorausgehenden Kapiteln habe ich es versucht, durch Eingehen auf die Einzelheiten der Wissenschaft des Lotsen den Leser Schritt für Schritt zu einem Verständnis dessen zu führen, woraus diese Wissenschaft besteht, und gleichzeitig den Beweis zu liefern, daß sie eine sehr eigenartige Wissenschaft und seiner Aufmerksamkeit wohl wert ist. Wenn ich gern bei meinem Thema verweilt habe, so ist das nicht überraschend, denn ich liebte den Beruf weit mehr als irgend einen, dem ich seither obgelegen habe, und war maßlos stolz darauf. Der Grund ist klar: ein Lotse war in jenen Tagen das einzige ungebundene und gänzlich unabhängige menschliche Wesen, das auf Erden lebte. Die Könige sind nur die abhängigen Diener des Parlaments und des Volkes; die Parlamente sitzen in Ketten, welche ihre Wähler schmiedeten; der Herausgeber einer Zeitung darf nicht selbständig sein, sondern muß, mit der einen Hand durch Partei und Gönner gefesselt, arbeiten und kann zufrieden sein, wenn er seine Meinung halb oder zu zwei Dritteln sagen darf; kein Geistlicher ist ein freier Mann und darf die ganze Wahrheit sagen, ohne auf die Meinungen seiner Pfarrgemeinde Rücksicht zu nehmen; die Schriftsteller jeder Art sind die gefesselten Sklaven des Publikums. Wir schreiben furchtlos und freimütig, aber wir „modifizieren", ehe wir das Geschriebene drucken lassen. In Wahrheit haben alle – Mann, Weib und Kind – einen Herrn und mühen und quälen sich in der Knechtschaft; nur der Lotse auf dem Mississippi hatte zu den Zeiten, von denen ich schreibe, *keinen* Herrn. Der Kapitän konnte im Glanz einer sehr kurzen Autorität auf dem Sturmdeck stehen und ihm ein paar Befehle geben, während das Dampfboot auf den Strom hinausdampfte, aber dann war seine Herrschaft vorüber. Sobald das Boot auf dem Flusse in Fahrt war, stand es unter der alleinigen und unbestrittenen Leitung des Lotsen. Er konnte damit thun, was er wollte, konnte fahren, wann und wohin es ihm beliebte, und es am Ufer festlegen, sobald ihm das rätlich erschien. Seine Bewegungen waren vollkommen frei; er zog niemanden zu Rate, empfing von niemandem Befehle und wies schon den leisesten Ratschlag zurück. Ja, das Gesetz der Vereinigten Staaten verbot ihm geradezu, auf Befehle oder Ratschläge zu hören, von der ganz richtigen Annahme ausgehend, daß der Lotse notwendigerweise besser wissen müsse, wie ein Dampfer zu steuern sei, als sonst irgend jemand. Hier gab es also etwas ganz Neues: einen König ohne Aufseher, einen Monarchen, dessen Herrschaft im vollsten Sinne des Worts absolut war und nicht bloß dem Namen nach. Ich habe gesehen, wie ein achtzehnjähriger Bursche einen großen Dampfer dem scheinbar ganz sichern Untergang entgegensteuerte, während der bejahrte Kapitän stumm dabeistand, voller Befürchtungen, aber machtlos, einzugreifen. Letzteres wäre in diesem besondern Fall vielleicht sehr nützlich gewesen, aber hätte man es gestattet, so wäre ein verderbliches Präcedenz geschaffen worden. In Anbetracht der unbegrenzten Autorität des Lotsen kann man sich leicht denken, daß er in den alten Zeiten des Dampfbootfahrens eine wichtige Persönlichkeit war. Er wurde vom Kapitän mit großer Höflichkeit und von allen Offizieren und Bediensteten mit größter Ehrerbietung behandelt; und diese ehrerbietige Haltung teilte sich rasch auch den Passagieren mit. Ich glaube, die Lotsen waren von den Menschen, die ich je kennen gelernt habe, so ziemlich die einzigen, welche in Gegenwart reisender fremder Fürstlichkeiten keinerlei Befangenheit zeigten. Denn natürlich, Leute in unserem eigenen Rang machen uns selten verlegen.

Infolge langjähriger Gewohnheit kam es dahin, daß die Lotsen alle ihre Wünsche in die Form von Befehlen kleideten. Noch heute wurmt es mich, daß ich meinen Willen in der schwachen Form eines Wunsches äußern muß, statt in der bündigen Form eines Befehls.

Zu jener Zeit brauchte man im Durchschnitt etwa fünfundzwanzig Tage, um ein Schiff in St. Louis zu befrachten, es nach New-Orleans und zurück zu bringen und die Ladung zu löschen. Sieben oder acht Tage davon verbrachte das Dampfboot an den Hafendämmen von St. Louis und New-Orleans, wo die ganze Mannschaft tüchtig zu arbeiten hatte, die beiden Lotsen allein ausgenommen; *sie* thaten weiter nichts, als in der Stadt die feinen Herren spielen, und empfingen dafür dieselbe Gage, als wenn sie im Dienst gewesen wären. Sobald der Dampfer in einer der beiden Städte den Quai berührte, waren sie am Lande, und gewöhnlich sah man sie nicht eher wieder, bis das letzte Glockenzeichen ertönte und alles für die nächste Fahrt bereit war.

Hatte ein Kapitän einen Lotsen von besonders hohem Ansehen gefunden, so gab er sich Mühe, ihn zu behalten. Als die Löhne auf dem oberen Mississippi bis auf vierhundert Dollars im Monat gestiegen waren, kannte ich einen Kapitän, der einem solchen Lotsen drei Monate lang sein volles Gehalt als Wartegeld zahlte, während der Strom zugefroren war. Dabei darf man nicht vergessen, daß vierhundert Dollars monatlich in jenen billigen Zeiten ein fast unbegreiflich glänzendes Gehalt waren; nur wenige Leute am Lande wurden so hoch bezahlt, waren aber dann auch höchst angesehen. Kamen Lotsen von dem einen oder andern Ende des Stromes in unser kleines Städtchen am Missouri, so bewarben sich die besten Kreise um ihre Gesellschaft und behandelten sie mit übertriebenem Respekt. Auf Wartegeld im Hafen liegen, war eine bei vielen Lotsen sehr beliebte und geschätzte Sache, besonders zur Blütezeit der Schiffahrt auf dem Missouri, in den sogenannten Kansaszeiten, als sie neunhundert Dollars für die Reise bekamen, was etwa achtzehnhundert Dollars für den Monat gleichkam. Hier zur Probe ein Gespräch aus jener Zeit. Ein Mann vom Illinois-River mit einem kleinen Hinterraddampfer redet ein paar geputzte und goldgeschmückte Missourilotsen an:

„Meine Herren, ich habe eine hübsche Fahrt nach dem Oberland, und würde Sie etwa vier Wochen lang brauchen. Wieviel wird das kosten?"

„Achtzehnhundert Dollars für jeden."

„Himmel und Erde! Da wollen wir lieber tauschen; nehmen Sie mein Boot und geben Sie mir Ihren Verdienst."

Ich will hier beiläufig bemerken, daß die Dampfbootleute auf dem Mississippi in den Augen der Landbewohner (und bis zu einem gewissen Grade auch in ihren eigenen) eine Wichtigkeit besaßen, die derjenigen des Bootes entsprach, auf dem sie dienten. So war es z. B. etwas höchst Ehrenvolles, zu der Mannschaft eines so stattlichen Fahrzeuges wie des „Aleck Scott" oder des „Großtürken" zu gehören. Die schwarzen Heizer, Matrosen und Barbiere von jenen Dampfern waren in ihren Kreisen hervorragende Persönlichkeiten, und sich dessen wohl bewußt. Ein strammer Schwarzer erregte einmal durch sein hochmütiges Benehmen Ärgernis auf einem Negerball in New-Orleans. Schließlich eilte einer der Ballordner auf ihn zu und sagte:

„Wer bist du denn? Wer bist du? Das möcht' ich wissen!"

Der Missethäter kam nicht im geringsten außer Fassung, sondern warf sich in die Brust und sprach in einem Ton, der zeigte, daß er sich wohl bewußt war, weshalb er so stolz auftrat:

„Wer ich bin? Wer ich bin? Ihr sollt gleich erfahren, wer ich bin! Ihr Nigger müßt wissen, daß ich den mittleren Kessel auf dem „Aleck Scott" heize!"

Dies genügte.

Der Barbier des „Großtürken" war ein putziger junger Neger, der seine Wichtigkeit mit höchster Selbstgefälligkeit zur Schau trug und in dem Kreise, in welchem er sich bewegte, äußerst angesehen war. Die farbige junge Welt in New-Orleans trieb gern Liebeleien im Zwielicht auf den hölzernen Bänken der

Seitenstraßen, wo jemand eines Abends folgendes mit angehört hat: Eine Negerin von mittlerem Alter steckte den Kopf durch eine zerbrochene Scheibe und rief sehr laut (damit die ganze Nachbarschaft es hören und sie beneiden konnte): „Marianne, komme sofort ins Haus! Stehst da draußen und treibst Thorheiten mit dem gemeinen Gesindel, und hier drinnen ist der Barbier vom „Großtürken" und will mit dir plaudern!"

Meine obige Erwähnung der Thatsache, daß der Lotse infolge seiner eigenartigen dienstlichen Stellung außerhalb des Bereichs der Kritik und der Befehle stand, erinnert mich an Stephen W – –. Er war ein begabter Lotse, ein gutherziger Mensch, ein unermüdlicher Plauderer voll Witz und guten Humors. Im Gefühl seiner Selbständigkeit benahm er sich Leuten von Reichtum, Würden und Alter gegenüber mit köstlicher Unbefangenheit. Er hatte stets Beschäftigung, ersparte sich nie einen Pfennig, war ein beharrlicher Borger und jedem Lotsen auf dem Mississippi sowie den meisten Kapitänen Geld schuldig. Er verstand es, sein sorgloses und waghalsiges Lotsen mit einem gewissen Glanz zu umgeben, der es fast bezaubernd machte – aber nicht für jedermann. Einmal machte er eine Fahrt mit dem guten alten Kapitän Y – – und wurde aus dem Dienst entlassen, als das Boot nach New-Orleans kam. Als jemand seine Verwunderung darüber ausdrückte, schauderte Kapitän Y – schon bei der bloßen Erwähnung Stephens; dann flötete seine schwache, dünne Stimme etwa wie folgt:

„Guter Gott! Ich möchte um die Welt kein solches Ungetüm auf meinem Dampfer haben – nicht um die ganze Welt! Er flucht, er singt, er pfeift, er gellt – habe nie einen Indianer so gellen hören. Und zwar zu allen Zeiten der Nacht – das ist ihm alles einerlei. Er gellt just drauflos, nicht aus einem besonderen Grunde, sondern weil es ihm ein gewisses teuflisches Vergnügen gewährt. Wenn ich im besten Schlafe lag, wurde ich plötzlich durch einen jener fürchterlichen Kriegsschreie aus dem Bett geschreckt. Ein komischer Kauz – sehr komisch; keinerlei Respekt vor irgend etwas oder irgend jemand; manchmal nannte er mich einfach Johnny. Und dann hielt er sich eine Geige und eine Katze. Er spielte schauderhaft; das schien die Katze zu kränken, die dann zu heulen pflegte. Niemand konnte schlafen, wo dieser Mensch – und seine Familie – war. Und leichtsinnig! So etwas ist noch nicht dagewesen. Sie mögen es mir glauben oder nicht, aber so wahr ich hier sitze, er jagte mit vollem Dampf durch jene schrecklichen Baumstämme bei Chicot, und dazu wehte der Wind ganz satanisch! Meine Offiziere können es Ihnen sagen; sie haben's mit angesehen. Und ich will zeitlebens den Mund nicht mehr aufthun, wenn er nicht die Lippen spitzte und zu pfeifen begann, während wir durch die Baumstämme jagten und ich, an allen Gliedern zitternd, betete! Ja, Sir, er pfiff: „Mädel von Buffalo, kommt ihr nicht heute nacht, kommt ihr nicht heute nacht?“ und das so ruhig und gelassen, als ob gar nichts passiert wäre. Und als ich ihm deshalb Vorstellungen machte, blickte er lächelnd auf mich herab, als ob ich ein kleines Kind wäre, und sagte, ich solle in die Kajüte gehen, brav sein und meine Vorgesetzten nicht belästigen!“

Eines Tages wurde Stephen, stellenlos und wie gewöhnlich ohne Geld, in New-Orleans von einem ziemlich filzigen Kapitän angetroffen. Da Stephen „bös in der Klemme“ war, willigte er auf vieles Zureden endlich ein, für hundertfünfundzwanzig Dollars monatlich – gerade die Hälfte des üblichen Lohnes – zu lotsen, wobei der Kapitän sich verpflichtete, das Geheimnis zu bewahren, um dem armen Kerl nicht die Verachtung der ganzen Gilde zuzuziehen. Aber das Boot war kaum einen Tag unterwegs, als Stephen entdeckte, daß der Kapitän sich seines Handels mit Stephen gerühmt und allen seinen Offizieren davon erzählt hatte. Stephen zwinkerte mit den Augen, sagte aber nichts. Um die Mitte des Nachmittags betrat der Kapitän das Sturmdeck, blickte um sich und schien sehr überrascht zu sein. Er sah fragend zu Stephen hinauf, der aber ganz gemächlich pfiff und auf seinen Dienst achtete. Der Kapitän wartete eine Weile, offenbar sehr mißmutig, und schien ein paarmal eine Bemerkung machen zu wollen: aber die auf dem Flusse herrschende Etikette hatte ihn gelehrt, eine derartige Übereilung zu vermeiden, und so bezwang er sich denn und schwieg. Er ärgerte und wunderte sich noch eine Weile und kehrte dann in seine Gemächer zurück; aber bald erschien er wieder, anscheinend noch verwunderter als vorher. Endlich wagte er die höfliche Bemerkung:

„Recht guter Wasserstand jetzt – nicht wahr, Sir?“

„Nun, das kann man wohl sagen: zum Überlaufen voll, ein ziemlich reichlicher Wasserstand!“

„Scheint hier eine starke Strömung zu sein.“

„Stark ist zu wenig gesagt; sie ist stärker als ein Mühlstrom.“

„Ist die Strömung näher am Ufer nicht geringer, als hier in der Mitte?“

„Ja, ich denke wohl; aber man kann mit einem Dampfer nicht vorsichtig genug sein. Hier draußen ist's ziemlich sicher, können den Boden nicht berühren, darauf können Sie sich verlassen."

Der Kapitän entfernte sich ziemlich mißmutig; wenn es so fortging konnte er am Ende an Altersschwäche sterben, ehe sein Dampfer nach St. Louis kam. Als er am nächsten Tag wieder auf Deck erschien, steuerte Stephen wieder getreulich mitten im Strom hinauf und kämpfte gegen die ganze, gewaltige Kraft des Mississippi an, wobei er in seiner ruhigen Weise eine Melodie pfiff. Die Sache wurde ernst. Drüben am Ufer dampfte ein langsameres Boot lustig im stillen Wasser dahin und gewann immer mehr Vorsprung. Es begann auf eine Inseldurchfahrt zuzusteuern, während Stephen sich mitten im Strom hielt. Da entrang sich dem Kapitän die gepreßte Frage:

„Herr W. – –, schneidet jener Arm nicht eine hübsche Strecke Weges ab?"

„Ich glaube wohl, weiß es aber nicht."

„Sie wissen es nicht? Ist denn jetzt nicht Wasser genug darin zum Durchfahren?"

„Ich glaube wohl, weiß es aber nicht sicher."

„Bei meiner Seele, das ist sonderbar. Ei, die Lotsen auf dem Boot da drüben wollen es probieren. Wollen Sie etwa sagen, daß Sie nicht soviel wissen wie die?"

„*Die?* Ei, das sind Zweihundertfünfzigdollars-Lotsen Kapitän! Aber beruhigen Sie sich nur; ich weiß soviel, wie ein Mann für hundertfünfundzwanzig Dollars zu wissen braucht!"

Der Kapitän streckte die Waffen.

Fünf Minuten später dampfte Stephen durch die Passage und zeigte dem andern Boot ein paar Fersen für zweihundertfünfzig Dollars.

Das Lotsenmonopol

Eines Tages steuerte mein Lehrmeister, Herr Bixby, mit dem „Aleck Scott" vorsichtig durch eine enge Stelle bei der Katzeninsel; beide Lote waren im Gang, und jeder hielt den Atem an. Der Kapitän, ein nervöser, ängstlicher Mann, verhielt sich ruhig, so lange er konnte; endlich vermochte er's aber nicht länger auszuhalten und rief vom Sturmdeck herunter:

„Um Gottes willen, geben Sie Dampf, Herr Bixby! geben Sie Dampf! Wir kommen sonst nie über das Riff da!“

Nach dem Eindruck, den diese Rede auf Herrn Bixby machte, hätte man annehmen können, daß gar nichts gesagt worden wäre. Fünf Minuten später aber, als die Gefahr vorüber und die Lote eingeholt worden waren, brach ein wahres Gewitter von vernichtenden Flüchen über den Kapitän herein, wie ich es nie prächtiger hörte. Es folgte kein Blutvergießen – aber nur, weil die Sache des Kapitäns auf schlechten Füßen stand, denn für gewöhnlich war er nicht der Mann, der eine Zurechtweisung ruhig hinnahm.

Nachdem ich nun die Natur der Wissenschaft des Lotsens eingehend auseinandergesetzt und zugleich den Rang beschrieben habe, den der Lotse unter der Brüderschaft der Dampfschiffsleute einnahm, scheint es mir am Platze zu sein, einige Worte über eine Organisation zu sagen, welche die Lotsen einstens zum Schutz ihrer Gilde gebildet haben. Sie war eigenartig und insofern bemerkenswert, als sie vielleicht die geschlossenste und stärkste berufliche Organisation gewesen ist, die je gebildet wurde.

Die Heuern hatten lange Zeit zweihundertfünfzig Dollars monatlich betragen; aber als die Dampfboote sich mehrten und das Geschäft sich immer mehr hob, begannen die Löhne allmählich zu fallen. Der Grund dieser seltsamen Erscheinung war indessen leicht zu finden: es wurden zu viele Lotsen „gemacht“. Es war hübsch, einen Lehrling, einen Steuerer zu haben, der einige Jahre lang alle schwere Arbeit umsonst verrichtete, während sein Herr auf einer hohen Bank saß und rauchte; alle Lotsen und Kapitäne hatten Söhne oder Neffen, die Lotsen werden wollten. Nach und nach kam es soweit, daß fast jeder Lotse auf dem Mississippi einen eigenen Steuerer hatte. Wenn ein Steuerer solche Fortschritte gemacht hatte, daß sie zwei Lotsen befriedigten, konnten diese eine Licenz für ihn erwirken, indem sie ein Gesuch an den Inspektor der Stromschiffahrt richteten. Weiter war nichts nötig; Fragen wurden gewöhnlich nicht gestellt und ein besonderer Befähigungsnachweis nicht verlangt.

Nun, dieser zunehmende Schwarm von neuen Lotsen, welche Beschäftigung suchten, begann die Löhne herabzudrücken. Es scheint, daß die Ritter von der Ruderpinne ihren Mißgriff zu spät erkannten. Es mußte offenbar etwas geschehen, und das bald; aber was? Nur eine geschlossene Organisation konnte helfen; alles andere war umsonst. Die Sache wurde besprochen und wieder besprochen und schließlich fallen gelassen, da die Schwierigkeiten so groß waren. Es war nur zu wahrscheinlich, daß alle, die in der Sache vorzugehen wagten, für ihre Person große Gefahr liefen. Endlich aber wagten es ein Dutzend der kühnsten – darunter einige der besten – Lotsen und nahmen das ganze Risiko auf sich. Die Gesetzgebung verlieh ihnen einen besonderen Freibrief mit ausgedehnten Vollmachten unter dem Namen: Wohlthätigkeitsverein der Lotsen (Pilots' Benevolent Association); man wählte den Vorstand, vollendete die Organisation, legte Kapital ein, setzte die „Vereins"-Löhne sogleich auf zweihundertfünfzig Dollars fest – und kehrte dann an den häuslichen Herd zurück, denn die „Vereins"lotsen wurden sofort entlassen. Aber in ihren Satzungen fanden sich ein paar Körnchen, welche die Keime zur Entwicklung in sich trugen. So waren z. B. alle beschäftigungslosen Mitglieder von gutem Ruf zu einer monatlichen Pension von fünfundzwanzig Dollars berechtigt. Das zog nach und nach wegen der flauen Geschäftszeit im Sommer einen nach dem andern von den kaum flügge gewordenen Lotsen heran, denn besser fünfundzwanzig Dollars monatlich, als verhungern; die Aufnahmegebühr betrug nur zwölf Dollars, und von den Beschäftigungslosen wurde ein Beitrag nicht verlangt.

Auch die Witwen von verstorbenen Mitgliedern konnten fünfundzwanzig Dollars monatlich beziehen, sowie eine gewisse Summe für jedes ihrer Kinder; ebenso wurden die verstorbenen Mitglieder auf Kosten des Vereins begraben. Diese Bestimmungen brachten alle abgedankten und vergessenen Lotsen im ganzen Mississippithal wieder zum Vorschein; sie kamen von Farmen, von Städtchen im Innern, von überall herbei, – auf Krücken, Karren, in Krankenwagen, wie es ging. Sie zahlten ihre zwölf Dollars und begannen sofort monatlich ihre fünfundzwanzig Dollars zu beziehen und ihre Beerdigungskosten zu berechnen.

Nach und nach waren alle unbrauchbaren, hilflosen Lotsen und ein Dutzend Lotsen ersten Ranges im Verein, während neun Zehntel der besten Lotsen sich demselben fernhielten und über ihn lachten. Der Verein gab dem ganzen Fluß Stoff zu Scherzen. Jedermann witzelte über die Bestimmung, daß die Mitglieder monatlich zehn Prozent ihres Verdienstes zur Erhaltung des Vereins in die Kasse zahlen sollten, während alle Mitglieder verstoßen und geächtet waren und niemand sie beschäftigen wollte. Jedermann war dem Verein dankbar dafür, daß er alle unbrauchbaren Lotsen aus dem Wege räumte und so das ganze Feld den Vortrefflichsten und Würdigsten überließ; und nicht nur dafür war man dankbar, sondern auch für das naturgemäß folgende Resultat, – nämlich das allmähliche Steigen der Löhne, als die rege Geschäftszeit herankam. Die Löhne waren von hundert auf hundertfünfundzwanzig, in einzelnen Fällen auf hundertfünfzig Dollars gestiegen; und es war äußerst spaßhaft, daß dieses reizende Ergebnis durch eine Körperschaft von Männern herbeigeführt worden war, von denen nicht einer den geringsten Nutzen davon hatte. Einige der Spaßmacher besuchten manchmal das Vereinslokal und erboten sich spöttisch, Mitglieder des Vereins aus Barmherzigkeit für eine Fahrt als Steuerer mitzunehmen, damit dieselben den Strom nicht ganz vergäßen. Der Verein indessen war zufrieden; wenigstens gab er kein Zeichen vom Gegenteil. Hin und wieder nahm er einen Lotsen auf, der gerade „Pech“ hatte, und fügte dessen Namen seiner Liste bei; und dieser spätere Zuwachs war sehr wertvoll, weil es gute Lotsen waren und die schlechten dem Verein schon lange angehörten. Als das Geschäft lebhafter wurde, stiegen die Löhne nach und nach auf zweihundertfünfzig Dollars: die vom Verein festgesetzte Höhe – und erhielten sich dauernd auf diesem Satze. Die Heiterkeit auf Kosten des Vereins überstieg jetzt alle Grenzen, denn noch immer zog kein Mitglied desselben Nutzen daraus, weil niemand engagiert wurde. Endlos waren die Späße, welche die armen Märtyrer über sich ergehen lassen mußten.

Doch keine Gasse ist so lang, daß sie nicht ein Ende hat. Der Winter kam heran, das Geschäft verdoppelte und verdreifachte sich, und eine Lawine von Dampfbooten kam vom Missouri, Illinois und dem oberen Mississippi herab, um es einmal in der New-Orleansfahrt zu versuchen. Urplötzlich waren Lotsen sehr gesucht, aber in verhältnismäßig geringer Anzahl vorhanden. Die Zeit der Vergeltung war gekommen. Es war eine bittere Pille, endlich Vereinslotsen annehmen zu müssen, doch Kapitäne und Schiffseigentümer sahen beide ein, daß es keinen andern Ausweg gab. Aber keiner von diesen Geächteten bot sich an! Es war also eine noch bitterere Pille hinunterzuwürgen: sie mußten aufgesucht und um ihre Dienste gebeten werden. Kapitän N. war der erste, der es nötig fand, die Dosis einzunehmen, obgleich er der lauteste Verspötter der Organisation gewesen war. Er suchte einen der besten Vereinslotsen auf und sagte:

„Nun, ihr Lotsen habt jetzt auf eine Weile die Oberhand über uns gewonnen; ich will daher möglichst gute Miene zum bösen Spiele machen. Ich bin gekommen, um Sie zu engagieren; schaffen Sie sofort Ihre Koffer an Bord. Um zwölf Uhr fahren wir."

„Das weiß ich noch nicht gewiß. Wer ist Ihr zweiter Lotse?"

„J. S–. Warum?"

„Ich kann nicht mit ihm fahren. Er gehört dem Verein nicht an."

„Was?"

„Wie ich gesagt habe."

„Wollten Sie damit sagen, daß Sie nicht mit einem der besten und ältesten Lotsen auf dem Flusse fahren können, weil er Ihrem Verein nicht angehört?!"

„Ja, das will ich."

„Nun, das ist aber stark! Ich glaubte Ihnen eine Wohlthat zu erweisen, merke aber nun, daß ich es bin, der eine Gunst verlangt. Handeln Sie nach einer Satzung des Vereins?"

„Ja."

„Zeigen Sie mir dieselbe."

Sie begaben sich nach dem Vereinslokal, wo der Sekretär dem Kapitän die Satzungen vorlegte; dieser sagte:

„Nun, was soll ich thun? Ich habe Herrn S. für die ganze Saison engagiert."

„Ich will Ihnen einen zweiten Lotsen nachweisen, und er soll um zwölf Uhr an Bord sein," sagte der Sekretär.

„Aber wenn ich S– – entlasse, wird er seine Gage für die ganze Saison von mir verlangen."

„Das haben Sie natürlich mit Herrn S– – abzumachen, Kapitän. Wir können uns in Ihre Privatangelegenheiten nicht einmischen."

Der Kapitän wütete, aber umsonst. Schließlich mußte er S– – entlassen, ihm etwa tausend Dollars zahlen und an seiner Stelle einen Vereinslotsen nehmen. Das Lachen begann sich jetzt gegen die andere Seite zu wenden. Jeden Tag fiel von da an ein neues Opfer; jeden Tag mußte ein zum äußersten gebrachter Kapitän unter Flüchen und Thränen ein begünstigtes Nichtvereinsmitglied entlassen und einem verhaßten Vereinslotsen dessen Posten geben. Nach ganz kurzer Zeit gab es stellenlose Nichtvereinsmitglieder in ziemlicher Menge, so flott auch das Geschäft ging und so sehr man ihrer Dienste bedurfte. Das Lachen war jetzt sehr entschieden auf der anderen Seite. Diese Opfer, ebenso wie die Kapitäne und Schiffseigentümer hörten bald ganz auf zu lachen und drohten mit der schrecklichen Rache, die sie nehmen wollten, wenn der jetzige „Rummel" vorüber wäre.

Bald waren die einzigen noch übrigen Lacher die Eigentümer und Mannschaften der Boote, die zwei Nichtvereinslotsen hatten. Aber ihr Triumph war nur von kurzer Dauer, und zwar aus folgendem Grund: Es war eine strenge Vorschrift des Vereins, daß die Mitglieder nie und unter keinen Umständen einem Nichtmitglied Nachrichten über das Fahrwasser zukommen lassen sollten. Mittlerweile waren auf der einen Hälfte der Boote nur Vereinsmitglieder, auf der andern Hälfte nur Nichtmitglieder als Lotsen beschäftigt. Auf den ersten Blick möchte es scheinen, daß in Bezug auf das Verbot der Mitteilungen über den Fluß beide Teile gleichermaßen davon betroffen waren; dem war aber nicht so. Bei jedem größeren Städtchen, von einem Ende des Stromes bis zum andern, befand sich ein „Werftboot" zum Landen, statt eines Quais oder eines Hafendammes. Darin wurde die Fracht zum Transport aufgespeichert, und in den Kajüten schliefen die wartenden Passagiere. Auf jedem dieser Boote hatten die Beamten des Vereins ein festes eisernes Kästchen aufgestellt, das mit einem eigenartigen Schloß versperrt war, wie es nur in einem Dienste – im Postdienst der Vereinigten Staaten – verwendet wurde. Das Briefkastenschloß war eine geheiligte Regierungssache. Durch vieles Bitten hatte sich die Regierung dazu bereden lassen, dem Verein den Gebrauch dieses Schlosses zu gestatten. Jeder Vereinslotse führte einen Schlüssel zu diesem Schloß bei sich; dieser Schlüssel oder eigentlich eine besondere Art, ihn in der Hand zu halten, wenn sein Besitzer von einem Unbekannten um Auskunft über den Fluß gebeten wurde, – denn der Erfolg des Vereins von St. Louis und New-Orleans hatte bald gedeihende Zweigvereine auf benachbarten Dampferlinien hervorgerufen – war dem Vereinslotsen das Zeichen und die Garantie für die Mitgliedschaft; und wenn der Fremde nicht dadurch antwortete, daß er einen gleichen Schlüssel hervorzog und in einer gewissen, genau vorgeschriebenen Weise in der Hand hielt, wurde seine Frage einfach nicht beachtet. Vom Vereinssekretär erhielt jedes Mitglied ein Päckchen mehr oder weniger hübscher Formulare, auf nettes, gehörig rubriziertes Papier gedruckt, etwa so:

<table>
<tr><th colspan="4">Dampfer „Grosse Republik“</th></tr>
<tr><td colspan="4">John Smith, Kapitän.
Lotsen: John Jones und Thomas Brown</td></tr>
<tr><td>Kreuzungen.</td><td>Lotungen.</td><td>Marken.</td><td>Bemerkungen.</td></tr>
<tr><td></td><td></td><td></td><td></td></tr>
</table>

Diese Formulare wurden während des Fortgangs der Reise Tag für Tag ausgefüllt und in die verschiedenen Werftbootkasten niedergelegt. Sobald z. B. die erste Kreuzung von St. Louis aus passiert war, wurden die Daten in die gehörigen Rubriken eingetragen, wie folgt:

„St. Louis. Neuneinhalb (Fuß). Heck aufs Gerichtshaus, Bug auf den abgestorbenen Baumwollbaum oberhalb des Holzhofs gerichtet, bis man ans erste Riff gelangt, dann geradeaus steuern.“ Dann unter der Rubrik Bemerkungen: „Außerhalb des Wracks halten; das ist wichtig. Ein neuer Baumstamm, gerade wo man den Kurs abwärts richtet; daher oberhalb passieren.“

Der Lotse, welcher dieses ausgefüllte Formular im Werftbootkästchen zu Kairo niederlegte (nachdem er die Einzelheiten aller Kreuzungen von St. Louis bis Kairo hinzugefügt), fand dort ein halbes Dutzend frischer Berichte von stromaufwärtsfahrenden Dampfern über den Zustand des Stroms zwischen Kairo und Memphis, informierte sich vollständig, legte die Berichte wieder in das Kästchen und kehrte auf sein Boot zurück, gegen jede Gefahr so gewappnet, daß er sein Boot nicht zu Schaden bringen konnte, ohne die genialste Sorglosigkeit zu Hilfe zu nehmen.

Man stelle sich die Wohlthaten eines so bewunderungswürdigen Systems vor, auf einer zwölf- bis dreizehnhundert Meilen langen Strecke eines Flusses, dessen Fahrwasser sich täglich verändert! Der Lotse, welcher sich früher damit begnügen mußte, eine flache Stelle ein- oder möglicherweise zweimal monatlich zu sehen, verfügte jetzt über hundert scharfe Augen, die für ihn beobachteten, und ihn belehrten, wie die Stelle zu passieren war. Seine Information war selten vierundzwanzig Stunden alt. Wenn die Berichte im letzten Kästchen noch ein Bedenken bezüglich einer heimtückischen Kreuzung übrig ließen, so hatte er dagegen ein Mittel: er gab, sobald er ein Dampfboot nahen sah, ein gewisses Zeichen mit der Dampfpfeife; dieses Zeichen wurde in besonderer Weise beantwortet, wenn die Lotsen auf jenem Boot dem Verein angehörten; und dann legten die beiden Dampfer Bord an Bord, und alle Ungewißheiten wurden durch frische Information, die der Frager mündlich und ganz eingehend erhielt, vollständig behoben.

Wenn ein Lotse New-Orleans oder St. Louis erreichte, war es sein erstes, seinen endgültigen und ausführlichen Bericht nach dem Vereinslokal zu bringen und dort aufzuhängen – dann erst war er frei und konnte seine Familie aufsuchen. In dem Vereinslokal war stets eine Menge Lotsen versammelt, welche die Veränderungen im Fahrwasser diskutierten; sobald ein neuer Ankömmling erschien, hörten alle auf zu reden, bis dieser Zeuge die neuesten Nachrichten erzählt und die letzte Ungewißheit beseitigt hatte. Andere Gewerbsleute können manchmal die „Bude schließen“ und sich mit andern Dingen befassen; nicht so der Lotse: er muß sich ganz seinem Berufe widmen und darf von nichts anderm reden; denn es würde ihm wenig nützen, den einen Tag vollkommen und den nächsten unvollkommen zu sein. Er hat weder Zeit noch Worte zu verlieren, wenn er sich auf dem Laufenden erhalten will.

Die Nichtvereinsmitglieder hatten jetzt eine schwere Zeit: keinen Mittelpunkt, wo sie sich treffen und ihre Nachrichten austauschen konnten, keine Werftbootberichte, nichts als zufällige und ungenügende Mittel, um Nachrichten zu erlangen. Die Folge davon war, daß ein Lotse manchmal eine Strecke von fünfhundert Meilen zu fahren hatte auf Grund von Auskünften, die acht bis zehn Tage alt waren. Bei ziemlich hohem Wasserstand hätte das angehen können; als aber der niedrigste Wasserstand kam, wurde es verhängnisvoll.

Und jetzt kam ein anderes, vollkommen logisches Resultat. Die Nichtvereinslotsen begannen, ihre Dampfboote auf den Grund zu setzen und in alle möglichen Gefahren zu bringen, während sich die Unfälle von den Vereinslotsen gänzlich fern zu halten schienen. Und jetzt wurde selbst den Eigentümern und Kapitänen von Dampfbooten mit nur Nichtvereinslotsen, die bisher geglaubt hatten, ganz unabhängig vom Verein zu sein und darüber lachen und spotten zu können, recht unbehaglich zu Mute. Sie ließen sich das aber nicht merken, bis eines schönen Tages diese sämtlichen Kapitäne den förmlichen Befehl erhielten, ihre Nichtvereinslotsen auf der Stelle zu entlassen und dafür Vereinslotsen zu engagieren. Und wer war es, der die ungeheure Anmaßung besaß, das zu thun? Nun, es kam von einer Macht hinter dem Thron, die größer war als der Thron selbst – von den Versicherungsgesellschaften!

Es war keine Zeit zum „Fackeln": jedes Nichtvereinsmitglied mußte sogleich seinen Koffer ans Land schaffen. Natürlich glaubte man, daß der Verein und die Versicherungsgesellschaften im Einverständnis wären; doch war das nicht der Fall. Die letzteren hatten die Vorzüglichkeit des „Bericht"-Systems des Vereins und die Sicherheit, die dasselbe gewährte, erkannt und deshalb unter sich und nach gewöhnlichen geschäftlichen Grundsätzen ihre Entscheidung getroffen.

Nun herrschte Klagen und Jammern und Zähneknirschen im Lager der Nichtvereinsmitglieder; aber gleichviel: es gab nur einen Ausweg für sie, und den schlugen sie ein. Sie kamen gruppen- und paarweise, boten ihre zwölf Dollars an und baten um Aufnahme in den Verein. Sie waren überrascht, als sie erfuhren, daß längst verschiedene neue Bestimmungen eingeführt worden waren; daß beispielsweise das Eintrittsgeld auf fünfzig Dollars erhöht worden war und diese Summe erlegt werden mußte samt zehn Prozent der Gage, welche der Gesuchsteller seit der Gründung des Vereins erhalten hatte. In manchen Fällen belief sich das auf drei- bis vierhundert Dollars; der Verein aber lehnte jedes Gesuch ab, bis das Geld da war; und ferner wurde das Gesuch abgewiesen, wenn eine einzige Stimme dagegen war. Jedes Mitglied mußte in Person und vor Zeugen mit ja oder nein abstimmen; und es dauerte daher wochenlang, bis über ein Aufnahmegesuch entschieden war, weil viele Lotsen so lange auf Reisen abwesend waren. Die reuigen Sünder scharrten indessen ihre Ersparnisse zusammen und wurden allmählich einer nach dem andern in den Verein aufgenommen. Schließlich kam eine Zeit, wo nur noch etwa zehn Lotsen dem Verein nicht angehörten; diese sagten, sie wollten lieber verhungern, als um Aufnahme nachsuchen. Sie blieben lange Zeit müßig, weil natürlich niemand wagen konnte, sie zu beschäftigen.

Nach einiger Zeit machte der Verein bekannt, daß von einem gewissen Tage an die Gage auf fünfhundert Dollars monatlich erhöht werden würde. Alle Zweigvereine waren mittlerweile stark geworden und derjenige am Red River hatte die Heuern auf siebenhundert Dollars monatlich erhöht. Widerstrebend gaben endlich die letzten zehn Nichtvereinsmitglieder im Hinblick auf diese günstigen Aussichten nach und reichten ihre Aufnahmegesuche ein. Jedoch war mittlerweile eine neue Bestimmung hinzugekommen, die verlangte, daß sie nicht nur von der seit der Gründung des Vereins empfangenen ganzen Gage zehn Prozent „Abgaben“ zahlen sollten, sondern auch von allem, was sie empfangen haben würden, wenn sie bis zur Zeit der Einreichung ihres Aufnahmegesuchs in Thätigkeit gewesen wären, anstatt müßig zu schmollen. Es erwies sich als schwierig, sie aufzunehmen; man brachte es aber endlich doch fertig. Der ärgste von diesen Sündern hatte die „Abgaben“ so lange anschwellen lassen, bis er schließlich sechshundertfünfundzwanzig Dollars mit seinem Aufnahmegesuch einzusenden hatte.

Der Verein hatte jetzt ein gutes Bankkonto und war in der Fülle seiner Macht: es gab keinen Nichtvereinslotsen mehr. Dann wurde eine weitere Bestimmung getroffen, welche die Aufnahme von Lehrlingen auf fünf Jahre verbot; nach Verlauf dieser Zeit sollte eine begrenzte Anzahl angenommen werden, nicht von einzelnen Lotsen, sondern vom Verein, unter folgenden Bedingungen: Der Aufzunehmende mußte mindestens achtzehn Jahre alt und von achtbarer Familie und gutem Charakter sein; er mußte eine Prüfung bezüglich seiner Bildung bestehen, im voraus tausend Dollars für das Privileg, Lehrling zu werden, bezahlen und unter den Befehlen des Vereins bleiben, bis ein großer Teil der Mitglieder (mehr als die Hälfte, glaube ich) gewillt war, sein Gesuch um eine Lotsenlicenz zu unterschreiben.

Alle vorher angenommenen Lehrlinge wurden jetzt ihren Lehrmeistern weggenommen und vom Verein adoptiert. Der Präsident und Sekretär wiesen sie nach Gutdünken dem einen oder andern Boot zum Dienst zu und versetzten sie nach gewissen Regeln von Boot zu Boot. Wenn ein Lotse nachweisen konnte, daß er kränklich war und Hilfe brauchte, wurde ihm einer der Lehrlinge übergeben.

Die Liste der Witwen und Waisen wuchs, ebenso nahmen aber auch die finanziellen Hilfsquellen zu. Der Verein sorgte für eine feierliche Bestattung seiner Mitglieder und bezahlte die Kosten derselben. Wenn erforderlich, sandte er Mitglieder zum Aufsuchen der Leichname von Kollegen ab, die bei

Dampferunfällen verunglückt waren; eine Nachforschung dieser Art kostete manchmal tausend Dollars.

Der Verein erwirkte sich auch die Befugnis, das Versicherungsgeschäft zu betreiben. Er versicherte nicht nur das Leben seiner Mitglieder, sondern übernahm auch Risikos auf Dampfboote.

Die Organisation schien unzerstörbar; sie war das stärkste Monopol in der Welt. Nach dem Gesetz der Vereinigten Staaten konnte keiner Lotse werden, wenn nicht zwei die Licenz besitzende Lotsen sein Gesuch unterzeichneten; und da außerhalb des Vereins niemand zum Unterzeichnen kompetent war, so war das „Lotsenmachen" jetzt zu Ende. Jedes Jahr starben einige Lotsen, während andere durch Alter und Kränklichkeit dienstunfähig wurden, doch war niemand vorhanden, der ihre Plätze einnahm. So konnte der Verein nach einer gewissen Zeit die Gagen ganz nach Belieben erhöhen; und so lange er klug genug war, die Sache nicht zu weit zu treiben und die Staatsregierung zu einer Abänderung des Licenzsystems zu veranlassen, hatten die Schiffseigentümer sich zu unterwerfen, da es keinen anderen Ausweg gab.

Die Eigentümer und Kapitäne waren das einzige Hindernis, das zwischen dem Verein und absoluter Gewalt lag, und schließlich wurde auch dieses beseitigt. So unglaublich es scheinen mag, die Eigentümer und Kapitäne thaten es selbst. Als der Lotsenverein einige Monate vorher ankündigte, daß am 1. September 1861 die Löhne auf fünfhundert Dollars erhöht werden sollten, erhöhten die Schiffseigentümer und Kapitäne sofort die Frachten um einige Cents und erklärten den Farmern dem Fluß entlang die Notwendigkeit dieser Maßregel, indem sie deren Aufmerksamkeit auf die drückende Lohnrate lenkten, welche eingeführt werden sollte. Es war das eine ziemlich schwache Begründung, aber die Farmer schienen es nicht zu merken: ihnen schien es nur billig und durch die Umstände gerechtfertigt, daß der Frachtsatz für den Scheffel Getreide um fünf Cents erhöht werde, wobei sie jedoch die Thatsache übersahen, daß diese Erhöhung bei einer Ladung von vierzigtausend Säcken bedeutend mehr als notwendig war, um die Lohnerhöhung zu decken.

Sofort bildeten nun die Kapitäne und Eigentümer einen eigenen Verein und schlugen vor, die Bezüge der Kapitäne ebenfalls auf fünfhundert Dollars zu erhöhen und eine weitere Erhöhung der Frachtsätze anzuregen. Man kalkulierte, daß, wenn man einmal erfolgreich gewesen, man es auch ein zweitesmal sein konnte. Der neue Verein dekretierte (es war das nämlich, ehe alle Lotsen dem

Verein angehörten), daß ein Kapitän, der einen nicht dem Verein angehörigen Lotsen beschäftigte, denselben entlassen müsse und außerdem eine Geldbuße von fünfhundert Dollars bezahlen solle. Mehrfach mußte diese schwere Geldstrafe auch bezahlt werden, ehe der Verein der Kapitäne stark genug geworden war, um volle Autorität über seine Mitglieder auszuüben; aber das alles hörte bald darnach auf. Die Kapitäne suchten nun die Lotsen zu der Bestimmung zu bewegen, daß kein Mitglied ihres Vereins unter einem Kapitän dienen dürfe, der nicht ihrem Verein angehöre; allein dieser Antrag wurde abgelehnt. Die Lotsen sahen ein, daß die Kapitäne und Versicherungsgesellschaften sie ohnehin unterstützen würden, und ließen sich deshalb klugerweise auf beengende Bündnisse nicht ein.

Wie schon bemerkt, war der Lotsenverein jetzt vielleicht das kompakteste Monopol der Welt und schien ganz unzerstörbar. Und doch waren die Tage seines Glanzes gezählt. Zuerst begann die neue Eisenbahn, die durch Mississippi, Tennessee und Kentucky nach den Bahnzentren des Nordens führte, die Passagiere von den Dampfern abzulenken; dann kam der Krieg und vernichtete die Dampfbootindustrie für einige Jahre fast gänzlich, so daß die meisten Lotsen erwerbslos waren, während die Lebensmittel immer teurer wurden. Dann leerte der Schatzmeister des Vereins zu St. Louis die volle Kasse bis auf den letzten Dollar und wurde damit flüchtig, und als schließlich die Eisenbahnen überall eindrangen, gab es nach Beendigung des Krieges für die Dampfer fast nichts mehr zu thun, als Güter zu befördern. Und nun führte noch ein Genie von der atlantischen Küste den Plan ein, mit einem gewöhnlichen kleinen Schleppdampfer ein Dutzend Dampferladungen nach New-Orleans hinabzubugsieren; und siehe da, gleichsam im Handumdrehen waren der Verein und die edle Wissenschaft des Lotsens Dinge der Vergangenheit!

Die Zeit der Dampferwettfahrten

Es war allgemein üblich, daß die Dampfer New-Orleans zwischen vier und fünf Uhr nachmittags verließen. Von drei Uhr an wurden sie zum Zeichen der Vorbereitung mit Harz und Fichtenholz geheizt, und so hatte man das malerische Schauspiel einer zwei bis drei englische Meilen langen Reihe von hohen kohlschwarzen Rauchsäulen, die ein schwarzes Dach desselben dichten

Rauches trugen, das sich weit über die Stadt hin ausbreitete. Auf jedem abfahrenden Boot wehte die Flagge an der Gaffel und manchmal eine zweite über dem Heck. Die Steuerleute kommandierten und fluchten mit mehr als gewöhnlichem Nachdruck; zahllose Züge von Fässern und Kisten mit Fracht rollten über den Hafendamm und die Laufplanken an Bord; verspätete Passagiere schlüpften und hüpften dazwischen umher, in der unsicheren Hoffnung, die vordere Fallreepstreppe lebend zu erreichen, Frauen mit Reisetaschen und Handköfferchen suchten ihren mit Reisesäcken und weinenden Kindern bepackten Gatten an der Seite zu bleiben, meist vergebens, da sie in dem Wirrwarr und Getümmel gewöhnlich den Kopf verloren; Karren und Gepäckwagen rasselten in wilder Hast hierhin und dorthin und verfuhren sich zuweilen ineinander, worauf man dann zehn Sekunden lang vor lauter Flüchen nichts deutlich sehen konnte; alle bei den Luken stehenden Dampfwinden, von einem Ende der langen Dampferreihe zum andren, unterhielten fortwährend ein betäubendes Rasseln und Schwirren, während sie die Ladung in den Schiffsraum hinabließen; die halbnackten, schwitzenden Neger, welche an der Ladung arbeiteten, brüllten Lieder wie „Der letzte Sack! Der letzte Sack!“ voll Begeisterung und Entzücken über das Chaos von Lärm und Verwirrung, das alle anderen Menschen zum Rasen brachte. Mittlerweile wimmelte es auf dem Sturm- und Kesseldeck von Passagieren. Dann wurden die letzten Glockenzeichen auf der ganzen Linie gegeben, und nun schien der Trubel sich zu verdoppeln; ein paar Augenblicke später erfolgte das letzte Signal, ein gleichzeitiges Getöse chinesischer Gongs mit dem Schrei: „Wer nicht mitfährt, wird gebeten, ans Ufer zu gehen!“ – und siehe da, der Trubel vervierfachte sich! Die Leute strömten in Schwärmen ans Land, wobei sie andre Scharen erregter Nachzügler, die noch an Bord wollten, über den Haufen rannten. Einen Augenblick später wurde eine lange Reihe von Laufplanken eingeholt, jede mit dem obligaten letzten Passagier, welcher sich an deren Ende mit den Zähnen, Nägeln und allem möglichen festhielt, und dem obligaten letzten Zauderer, der einen verzweifelten Sprung über den Kopf des Nachzüglers hinweg ans Land machte.

Nun gleitet eine Anzahl der Dampfer rückwärts in den Strom hinaus und läßt weite Lücken in der dichten Reihe zurück. Auf den Verdecken der liegenbleibenden Schiffe sammeln sich die Bewohner der Stadt an, um das Schauspiel zu betrachten. Ein Dampfer nach dem andern wendet sich stromaufwärts, nimmt all seine Kraft zusammen und fliegt dann unter vollstem

Dampf mit wehenden Flaggen und emporwirbelnden schwarzen Rauchwolken vorbei. Die ganze Mannschaft, Heizer und Matrosen (gewöhnlich braunschwarze Neger) sind auf der Back versammelt, wo die beste „Stimme“ aus der ganzen Schar hoch über allen auf dem Gangspill thront, einen Hut oder eine Flagge schwingt, und alle einen mächtigen Chor brüllen. Die Salutschüsse knallen und die vielköpfige Zuschauerschaft schwenkt die Hüte und schreit Hurra! Dampfer auf Dampfer schließt sich an die Linie an, und die stattliche Prozession steuert wie im Fluge stromaufwärts.

So oft in den alten Zeiten zwei schnelle Boote unter den Blicken einer ungeheuren Zuschauermenge eine Wettfahrt begannen, war es köstlich, die Mannschaften singen zu hören, besonders bei Anbruch der Nacht, wenn die Back von dem düsterroten Glanz der Fackeln beleuchtet war. Das Wettfahren war ein königlicher Spaß. Das Publikum war stets der Meinung, daß das Wettfahren gefährlich wäre, während just das Gegenteil der Fall war – d. h. nach dem Erlaß der Gesetze, wonach jedes Dampfboot auf einen gewissen Dampfdruck pro Quadratzoll beschränkt wurde. Kein Maschinenmeister war je schläfrig oder nachlässig, wenn Herz und Seele an einer Wettfahrt beteiligt waren; sondern er paßte fortwährend scharf auf, versuchte die Ventilhähne und wachte über alles. Gefährlich war es nur auf langsamen, schwerfälligen Booten, auf denen die Maschinisten schläfrig umhergingen und Holzspäne in die Saugrohre geraten ließen, wo sie den Kesseln die Wasserzufuhr abschnitten.

In den Blütezeiten der Dampfbootfahrt war eine Wettfahrt zwischen zwei anerkannt schnellen Dampfern ein Ereignis von ungemeiner Wichtigkeit. Die Zeit wurde schon mehrere Wochen vorher festgesetzt, und von da an war das ganze ungeheuere Mississippithal im Zustand der höchsten Erregung. Politik und Wetter wurden fallen gelassen, und man sprach nur noch von der bevorstehenden Wettfahrt. Wenn die Zeit herankam, takelten die beiden Dampfer ab und machten sich bereit. Jedes Hindernis, das die Last vermehrte oder dem Wind und Wasser eine Widerstand leistende Fläche darbot, wurde entfernt, wenn das Boot es irgendwie entbehren konnte. Als die „Eclipse“ und der „A. L. Shotwell“ vor vielen Jahren ihre große Wettfahrt machten, soll man sich, wie erzählt wird, sogar die Mühe gegeben haben, die Vergoldung von der phantastischen Verzierung zwischen den Schornsteinen der „Eclipse“ abzukratzen und der Kapitän für jene Fahrt seine Glacéhandschuhe nicht getragen haben und sich den Bart haben abnehmen lassen. Ich setzte diesen Gerüchten allerdings stets Zweifel entgegen.

Wußte man, daß das Boot am schnellsten lief, wenn es vorn fünfeinhalb und hinten fünf Fuß tief ging, so wurde es genau bis zu diesem Tiefgang beladen – und dann würde es nicht einmal eine Dosis homöopathischer Pillen mehr mitgenommen haben. Passagiere nahm man nur ausnahmsweise mit, weil sie nicht nur die Last vermehrten, sondern auch das Boot im richtigen Gleichgewicht hinderten. Sie liefen stets nach derjenigen Seite, wo es etwas zu sehen gab, während ein gewissenhafter und erfahrener Dampfbootmann stets in der Mitte des Bootes zu bleiben und seine Haare genau in der Mitte zu scheiteln pflegte. Frachtgüter und Passagiere nach Zwischenstationen wurden überhaupt nicht angenommen, weil die Schiffe nur bei den größten Städten anlegten und auch dann hieß es nur „kommen und wieder gehen". Die Flachboote mit Kohlen und Holz wurden im voraus bestellt und bereit gehalten, um im Handumdrehen an die vorbeifliegenden Dampfer angehängt zu werden; auch führten die Dampfer doppelte Mannschaft, damit alle Arbeit rasch von statten ging.

Wenn der bestimmte Tag gekommen und alles in Bereitschaft war, dampften die zwei großen Dampfer rückwärts auf den Strom hinaus, lagen dort schaukelnd einen Augenblick still und beobachteten scheinbar wie fühlende Wesen gegenseitig die geringsten Bewegungen; jetzt wird die Flagge gesenkt, der abgesperrte Dampf zischt durch die Sicherheitsventile, der schwarze Rauch rollt und wälzt sich aus den Schloten und verdunkelt die ganze Atmosphäre. Menschen, Menschen überall; die Ufer, die Hausdächer, die Dampfboote, alle Schiffe sind dicht besetzt, und es ist zu erwarten, daß die Ufer des breiten Mississippi zwölfhundert Meilen weit nordwärts von Zuschauern eingesäumt sein werden, welche diese Renner bewillkommnen wollen.

Bald darauf entweichen hohe Dampfsäulen aus den Abströmungsröhren beider Dampfer, zwei Kanonen donnern ein Lebewohl, zwei Helden in roten Hemden schwingen vom Gangspill herab ihre kleinen Flaggen über der auf der Back versammelten Mannschaft, zwei empfindungsvolle Solos zögern einige Sekunden in der Luft, zwei mächtige Chöre stimmen ein – und da kommen sie! Blechmusikchöre schmettern das „Heil Columbia", Hurra auf Hurra donnert von den Ufern her, und die stattlichen Fahrzeuge pfeifen vorbei wie der Wind.

Die rennenden Dampfer halten zwischen New-Orleans und St. Louis nur in großen Städten auf einige Sekunden an, oder um ein paar Boote mit je dreißig Klafter Holz längsseite zu nehmen. Das muß man sehen, wie sie diese Fahrzeuge ins Schlepptau nehmen und auf jedes einen Schwarm Mannschaft schicken;

wenn man sich die Augengläser abgewischt und wieder aufgesetzt hat, wird man sich wundern, was aus dem Holze geworden ist.

Zwei Dampfer, die einander ziemlich gewachsen sind, behalten einander Tag für Tag in Sicht; sie könnten immer Seite an Seite bleiben, allein da nicht alle Lotsen gleich sind, so müssen die gewandtesten den Sieg erringen. Wenn einer der Dampfer einen „Blitzlotsen" hat, dessen „Kollege" ihm nur ein bißchen nachsteht, so vermag man zu sagen, welcher von ihnen auf Wache ist, indem man beobachtet, ob das Boot während jeder vierstündigen Frist einen Vorsprung gewonnen hat oder zurückgeblieben ist. Der klügste Lotse kann einen Dampfer aufhalten, wenn er kein ausgesprochenes Talent zum Steuern hat. Das Steuern ist eine sehr große Kunst; man darf das Ruder nicht quer hinter dem Steven des Bootes schleppen lassen, wenn man rasch stromaufwärts fahren will.

Die Boote sind natürlich sehr verschieden. Ich war eine Zeitlang auf einem Boot, das so langsam fuhr, daß wir gewöhnlich vergaßen, in welchem Jahr wir den Hafen verlassen hatten. Aber das geschah natürlich nur selten. Fährboote verloren zuweilen einträgliche Fahrten, weil ihre Passagiere alt wurden und starben, während sie auf unsere Ankunft warteten. Das kam indessen noch seltener vor. Ich hatte die darauf bezüglichen Urkunden in Händen, habe sie aber leider verlegt. Dieser Dampfer, der „John J. Roe", war so langsam, daß es, als er schließlich in Madrid Bend sank, fünf Jahre dauerte, bis die Eigentümer davon erfuhren. Dies war für mich stets eine verblüffende Thatsache, doch ist sie aktenmäßig festgestellt. Er war entsetzlich langsam; doch hatten wir oft recht aufregende Zeiten, wenn wir mit Inseln, Flößen und dergleichen Dingen um die Wette fuhren. Einmal aber ging es ziemlich rasch von statten: wir brauchten nur 16 Tage nach St. Louis; aber selbst bei dieser erstaunlichen Geschwindigkeit wechselten wir in der geraden 5 Meilen langen Strecke bei Fort Adams dreimal die Wache. Auf solchen geraden Strecken ist die Strömung natürlich sehr lebhaft.

Auf dieser Reise fuhren wir in vier Tagen von New-Orleans nach Grand Gulf (340 engl. Meilen); die „Eclipse" und der „Shotwell" brauchten einen Tag. Bei der Durchfahrt 63 waren wir neun, jene beiden Schiffe zwei Tage unterwegs. Vor etwas mehr als einem Menschenalter (1844) fuhr das Dampfboot „J. M. White" eine gewisse Strecke in 3 Tagen, 6 Stunden und 44 Minuten; 1853 machte die „Eclipse" dieselbe Fahrt in 3 Tagen, 3 Stunden und 20 Minuten (andere sagen in 3 Tagen, 4 Stunden, 36 Minuten). Der „R. E. Lee" brauchte im Jahre 1870 3 Tage und 1 Stunde. Dies soll die schnellste Fahrt sein, die je gemacht worden ist. Ich werde aber zu beweisen suchen, daß sie es nicht war. Die Entfernung zwischen New-Orleans und Kairo war nämlich 1106 engl. Meilen, als der „J. M. White“ seine Fahrt machte, die mittlere Geschwindigkeit also etwas über 14 Meilen in der Stunde. Zur Zeit der Fahrt der „Eclipse“ hatte sich die Entfernung auf 1080 Meilen verringert, folglich war die mittlere Geschwindigkeit einen Schatten unter $14\frac{3}{8}$ Meilen in der Stunde. Zur Zeit der Fahrt des „R. E. Lee“ betrug die Entfernung nur noch 1030 Meilen, folglich war dessen mittlere Geschwindigkeit etwa $14\frac{1}{8}$ Meilen per Stunde. Man sieht also, daß die Fahrt der „Eclipse“ die schnellste war, die je gemacht wurde.

Abkürzungen des Stromlaufs. – Stephen

Die vorstehenden trockenen Einzelheiten sind in einer Beziehung von Wichtigkeit; sie geben mir Gelegenheit, eine der sonderbarsten Eigenheiten des Mississippi zu besprechen – die, daß seine Länge von Zeit zu Zeit abnimmt. Wenn man eine lange, geringelte Apfelschale in die Luft wirft, so wird sie sich so ziemlich wie eine Strecke des Mississippi gestalten, d. h. wie die neunhundert bis tausend Meilen, die sich von Kairo im Staate Illinois südwärts bis New-Orleans erstrecken; dieser Teil des Stromes ist wunderbar gekrümmt und hat nur hie und da und in weiten Zwischenräumen kurze gerade Strecken. Die zweihundert Meilen lange Strecke von Kairo nordwärts bis St. Louis dagegen ist keineswegs so gekrümmt, da dort felsiges Land ist, in welches der Strom nicht viel einschneiden kann.

Das Wasser höhlt die angeschwemmten Ufer des „unteren“ Stromes zu tiefen hufeisenförmigen Kurven aus – so tief, daß, wenn man an manchen Stellen an einem äußersten Ende des Hufeisens ans Ufer gehen und die ein Viertelstündchen breite Landzunge überschreiten würde, man sich niedersetzen und ein paar Stunden ausruhen könnte, während der Dampfer mit einer Geschwindigkeit von zehn Meilen in der Stunde um den langen Ellenbogen fährt. Wenn der Strom rasch anschwillt, braucht ein Spitzbube, dessen Pflanzung vom Ufer entfernt liegt und deshalb von geringem Wert ist, nur die günstige Gelegenheit abzupassen, in einer dunkeln Nacht eine kleine Rinne über den schmälsten Teil der Landzunge zu graben und das Wasser in diese zu leiten, und in überraschend kurzer Zeit hat sich ein Wunder ereignet: der ganze

Mississippi hat jenen kleinen Graben in Besitz genommen und die Pflanzung jenes Spitzbuben an das Ufer versetzt und so deren Wert vervierfacht, während die früher wertvolle Pflanzung des andern jetzt weit draußen auf einer großen Insel liegt. Der alte sie umspülende Wasserlauf wird bald versanden, Boote können nicht mehr an sie herankommen und die Pflanzung sinkt auf den vierten Teil ihres vorigen Wertes herab. Auf jenen schmalen Landzungen wird daher, wenn es notwendig erscheint, scharfe Wache gehalten; und wenn etwa einer beim Ziehen eines Grabens betroffen werden sollte, so ist alle Aussicht vorhanden, daß er niemals eine zweite Gelegenheit dazu finden wird.

Und nun beobachte man einige der Folgen dieses Geschäfts. Port Hudson gegenüber befand sich einst eine Landzunge, die an der schmalsten Stelle nur eine halbe englische Meile breit war. Man konnte in fünfzehn Minuten hinübergehen; wenn man aber die Reise um das Kap auf dem Fluß machte, hatte der Weg eine Länge von fünfunddreißig Meilen. Im Jahre 1722 stürzte der Strom durch den Hals jener Landzunge, verließ sein altes Bett und verkürzte sich so um fünfunddreißig Meilen; in derselben Weise verkürzte er sich 1699 bei Black Hawk Point um fünfundzwanzig Meilen. Ein Durchstich unterhalb Red River Landing vor etwa vierzig oder fünfzig Jahren verkürzte den Strom um achtundzwanzig Meilen. Wenn man heutzutage vom südlichsten dieser drei Durchstiche zum nördlichsten fährt, hat man einen Weg von siebzig Meilen; vor hundertsechsundsiebzig Jahren war der Weg hundertachtundfünfzig Meilen lang – eine Verkürzung von achtundachtzig Meilen auf jene unbedeutende Entfernung. Zu irgend einer vergessenen Zeit wurden Durchstiche gemacht bei Vidalia, in Louisiana, bei den Inseln 92 und 84 und bei Hales Point; dieselben verkürzten den Strom im ganzen um siebenundsiebzig Meilen.

Seit der Zeit, die ich auf dem Mississippi zugebracht habe, sind ferner bei Hurricane Island, bei der Insel 100, bei Napoleon in Arkansas, bei Walnut Bend und bei Council Bend Durchstiche vorgenommen worden, die den Strom insgesamt um siebenundsechzig Meilen verkürzt haben, während zu meiner Zeit noch eine Verkürzung bei American Bend um mindestens zehn Meilen vorgenommen wurde.

Der Mississippi war also vor hundertsechsundsiebzig Jahren zwischen Kairo und New-Orleans zwölfhundertfünfzehn, nach dem Durchstich von 1722 elfhundertachtzig, nach demjenigen bei American Bend eintausendundvierzig

Meilen lang; seitdem hat er sich um siebenundsechzig Meilen verkürzt, so daß er also jetzt neunhundertdreiundsiebzig Meilen lang ist.

Wenn ich es nun machen wollte wie jene gewichtigen Gelehrten und nach dem, was in jüngster Zeit geschah, zu beweisen anfangen wollte, was in der fernen Vergangenheit sich ereignet hat oder in der fernen Zukunft geschehen wird, so hätte ich hier die günstigste Gelegenheit! Die Geologie hat nie eine solche Chance, noch so genaue Daten gehabt, auf die sie bauen konnte, und ebensowenig die „Entwicklung der Arten"! Die Eiszeiten sind etwas Großes, aber vag – sehr vag. Man beachte gefälligst:

Im Laufe von 176 Jahren hat sich der untere Mississippi um 242 Meilen verkürzt – also im Durchschnitt um etwas mehr als $1^1/_3$ Meilen jährlich. Es kann also jedermann, der nicht blind oder blödsinnig ist, genau erkennen, daß in der alten oolithischen silurianischen Periode (nächsten November werden's gerade eine Million Jahre) der untere Mississippi über 1 300 000 Meilen lang war und wie eine Angelrute über den Golf von Mexiko hinausragte; und aus demselben Grund kann jeder vernünftige Mensch sehen, daß der untere Mississippi heute über 742 Jahre nur noch 1¾ Meilen lang sein, die Straßen von Kairo und New-Orleans aneinanderstoßen und die beiden Städte unter einem Bürgermeister und gemeinsamen Stadtrat weiter arbeiten werden. Es ist etwas Bezauberndes um die Wissenschaft: man erhält so bedeutende Zinsen an Mutmaßungen für eine so geringe Kapitalsanlage an Thatsachen.

Wenn das Wasser durch einen der erwähnten Gräben zu fließen beginnt, ist es Zeit, daß die Leute in der Umgebung weiterziehen. Das Wasser schneidet die Ufer wie ein Messer hinweg. Sobald der Graben erst zwölf oder fünfzehn Fuß breit ist, ist das Unheil so gut wie vollendet, denn keine Gewalt auf Erden kann ihm jetzt Einhalt thun. Hat die Breite etwa dreihundert Fuß erreicht, so beginnen sich die Ufer in Stücken von der Größe eines halben „Morgen" abzuschälen. Die Strömung um die Biegung betrug früher nur fünf Meilen stündlich; jetzt hat sie durch die Kürzung der Entfernung schrecklich zugenommen. Ich war an Bord des ersten Dampfboots, das den Durchstich bei American Bend zu passieren versuchte; aber wir kamen nicht hindurch. Es war gegen Mitternacht, und eine sehr stürmische Nacht dazu – Donner, Blitz und heftige Regengüsse. Wir schätzten die Geschwindigkeit der Strömung in diesem Durchstich auf fünfzehn bis zwanzig Meilen stündlich; mehr als zwölf oder dreizehn Meilen konnte aber das beste Boot selbst bei günstigstem Wasser nicht machen, und es war daher vielleicht thöricht, die Durchfahrt überhaupt zu versuchen; Herr Brown war aber ehrgeizig und setzte die Versuche fort. Die Gegenströmung längs des Ufers unterhalb der Landspitze war fast ebenso stark wie die Strömung draußen auf der Mitte; wir flogen daher am Ufer hinauf wie ein Blitzzug, sammelten allen Dampf an und hofften, über die bei der Landspitze einbrechende Hauptströmung hinauszukommen. Aber alle unsere Anstrengungen waren nutzlos: sobald die Strömung uns traf, drehte sie uns herum wie einen Kreisel, das Wasser überflutete das Vordeck, und das Boot legte sich so stark auf die Seite, daß man sich kaum auf den Füßen halten konnte. Im nächsten Augenblick waren wir unten im Fluß und mühten uns aus allen Kräften, nicht in die Wälder zu geraten. Wir wiederholten den Versuch viermal. Ich stand auf der Treppe zur Back, um zu beobachten, und es war erstaunlich zu sehen, wie plötzlich das Boot herumwirbelte und sich wendete, sobald es aus der Gegenströmung kam und der Hauptstrom den Bug traf. Die Erschütterung und das Zittern war fast so stark, als wenn wir mit vollem Dampf auf eine Sandbank gelaufen wären. Beim Licht der Blitze konnte man erkennen, wie die Farmhütten und das gute Ackerland in den Strom purzelten; das dadurch verursachte Krachen war gar kein übler Versuch zum Donnern. Als wir einmal herumwirbelten, hätten wir beinahe ein Haus mitgenommen, durch dessen Fenster ein Licht schien und das gleich darauf in den Strom fiel. Niemand konnte bei uns auf der Back bleiben; das Wasser fegte in Fluten darüber, so oft wir quer in die Strömung gerieten. Nach unserem vierten Versuch kamen wir im Walde zwei Meilen unter dem Durchstich zum Stillstand; das ganze Land war dort natürlich überschwemmt. Ein paar Tage später war der Durchstich dreiviertel Meilen weit, die Dampfboote fuhren jetzt ohne besondere Schwierigkeit hindurch und ersparten so zehn Meilen Weges.

Der alte Raccourci-Durchbruch verminderte die Stromlänge um achtundzwanzig Meilen. Mit demselben war eine Tradition verknüpft. Man erzählte nämlich, daß ein Dampfboot des Nachts hier entlang kam und wie gewöhnlich den riesigen Ellenbogen umfuhr, da die Lotsen vom Durchbruch noch nichts wußten. Es war eine gräßliche, abscheuliche Nacht, und alle Umrisse waren verschwommen und verschoben. Die alte Biegung war schon viel seichter geworden; das Boot begann geheimnisvollen Riffen auszuweichen und hie und da auch auf ein solches aufzustoßen. Die verblüfften Lotsen fingen an zu fluchen und brachen schließlich in den ganz unnötigen Wunsch aus, nie mehr aus dieser Stelle herauszukommen. Wie das in solchen Fällen stets geschieht, wurde gerade dieses Gebet erhört, alle andern aber nicht; und so steuert denn jener gespenstische Dampfer noch immer in der verlassenen Strombiegung umher, um den Ausweg aus derselben zu suchen. Mehr als ein bedächtiger Schiffswächter hat mir geschworen, daß er in regnerischen, abscheulichen Nächten, wenn das Boot das obere Ende der Insel passierte, voll Furcht auf den einstigen Flußarm hinabgeblickt, und dann den schwachen Glanz der Lichter jenes gespenstischen Dampfers, der ferne in der Finsternis dahintrieb, gesehen und den dumpfen Ton der Dampfröhren und die klagenden Rufe der Loter gehört habe.

Beim Mangel an weiteren statistischen Thatsachen will ich dieses Kapitel mit noch einer Erinnerung an „Stephen" schließen.

Die meisten Kapitäne und Lotsen waren im Besitz von Schuldverschreibungen, welche Stephen für ihm geliehene Gelder ausgestellt hatte, und die auf Summen von zweihundertfünfzig Dollars und mehr lauteten. Stephen löste niemals diese Schuldverschreibungen ein, versäumte aber nie, sie alle zwölf Monate zu erneuern.

Selbstverständlich kam schließlich die Zeit, wo Stephen von seinen alten Gläubigern nichts mehr borgen konnte, so daß er auf neue Ankömmlinge warten mußte, die ihn noch nicht kannten. Ein solches Opfer war ein gutherziger, einfacher, junger Mann, Namens Yates – der Name ist fingiert, doch fing der wirkliche Name ebenfalls mit Y an. – Der junge Yates war Lotse geworden und hatte eine Stelle erhalten; als er sich am Ende des Monats zum Bureau begab und seine zweihundertundfünfzig Dollars in nagelneuen Scheinen in Empfang nahm, war Stephen dort! Mit silberglatter Stimme begann er zu schmeicheln, und nach einer kleinen Weile hatten Yates' zweihundertundfünfzig Dollars den Eigentümer gewechselt. Das Geschehene wurde bald im Hauptquartier der Lotsen bekannt, zur großen Heiterkeit und zur allgemeinen Befriedigung der alten Gläubiger. Der unschuldige Yates argwöhnte indessen durchaus nicht, daß das Versprechen Stephens, in acht Tagen prompt zu bezahlen, durchaus wertlos sei. Zur festgesetzten Zeit forderte Yates sein Geld, allein Stephen beschwichtigte ihn mit süßen Worten und erhielt eine Woche Aufschub. Wieder verlangte Yates der Verabredung gemäß sein Geld, und wieder mußte er sich mit überzuckerten Worten begnügen und einen weiteren Aufschub bewilligen. In derselben Weise ging es weiter. Yates suchte Stephen eine Woche nach der andern auf, aber ohne Erfolg, und gab es schließlich auf. Aber nun kehrte Stephen den Stiel um und begann Yates überall nachzulaufen; wo immer Yates erschien, war auch der unvermeidliche Stephen und nicht nur das, sondern er strahlte auch von Liebe und floß von Entschuldigungen über, daß er nicht zu zahlen imstande sei. Nicht lange nachher drehte der arme Yates, wenn er jenen kommen sah, sich um, ergriff die Flucht und schleppte auch seine Gefährten mit, wenn er deren bei sich hatte. Es half ihm aber nichts, sein Schuldner holte ihn ein und hielt ihn fest. Mit ausgebreiteten Armen und funkelnden Augen kam Stephen schnaufend und mit gerötetem Gesicht herbei, unterbrach die Unterhaltung, schüttelte die Hände des armen Yates dermaßen, daß ihm die Arme fast aus dem Gelenke gingen, und begann dann etwa:

„Meiner Seele, wie habe ich laufen müssen! Ich sah, daß du mich nicht bemerkt hast, und da habe ich denn vollen Dampf gegeben, um dich ja nicht zu verfehlen. Da bist du ja! da, nun bleibe stehen und laß dich ansehen! Immer noch die alten edlen Züge." (Zu dem Gefährten Yates':) „Sieh ihn dir einmal an, sieh ihn an! Ein Vergnügen, ihn anzusehen, nicht wahr? Ist er nicht das Bild von einem Staatskerl? Ach was, – „Bild" ist viel zu gering: es müßte heißen Panorama! Das ist er, ein vollständiges Panorama. Ah, da fällt mir etwas ein! (Zu Yates gewendet) Wie gern hätte ich dich vor einer Stunde getroffen! Vierundzwanzig Stunden lang habe ich die zweihundertundfünfzig Dollars für dich aufbewahrt; habe dich überall gesucht. Ich habe bei Planten von gestern abend 6 Uhr bis heute morgen 2 Uhr gewartet, ohne zu schlafen oder etwas zu genießen; meine Frau sagte: „Wo bist du die ganze Nacht gewesen?" – „Ja," sage ich, „diese Schuld liegt mir schwer auf dem Gewissen." – „In meinem ganzen Leben" – sagt sie – „habe ich keinen Menschen gesehen, der sich eine Schuld so sehr zu Herzen nimmt, wie du" – „Das ist meine Natur" – sage ich – „kann ich sie ändern?" – „Nun" – sagt sie – „gehe zu Bett und ruhe ein wenig." – „Nicht eher" – sage ich – „als bis dieser arme edle junge Mann sein Geld hat." Und so blieb ich denn die ganze Nacht auf und heute morgen eilte ich wieder hinaus, und der erste, den ich traf, erzählte mir, du hättest dich auf dem „Großtürken" verheuert und seist nach New-Orleans gefahren. Wie ich das hörte, mußte ich mich an einem Hause halten und weinen. Helf mir der Himmel, ich konnte nicht anders. Der Mann, dem das Haus gehörte, kam heraus und mußte den Platz mit einem Lappen aufwischen; er sagte er hätte es nicht gern, wenn die Leute sein Haus beweinten. Es war mir zu Mute, als hätte die ganze Welt sich gegen mich verschworen; und als ich dann vor einer Stunde in einer Pein, die kein Mensch zu begreifen vermag, weiter ging, begegnete ich zufällig Jim Wilson und gab ihm die zweihundertfünfzig Dollars als

Abschlagszahlung. Und nun muß ich dich hier finden und habe keinen Cent mehr! Aber so gewiß, wie ich hier auf dieser Stelle und auf dem Stein stehe – da, ich habe auf dem Stein ein Zeichen eingekratzt, um mich seiner zu erinnern – will ich mir das Geld leihen und es dir morgen mittag Punkt 12 Uhr zurückzahlen! Nun, lieber Yates, steh' still und laß mich dich noch einmal ansehen!"

Auf diese Weise ging es weiter. Yates wurde das Leben zur Last; er konnte seinem Schuldner und dessen schrecklichem Jammer, daß er nicht zu bezahlen imstande sei, nicht entgehen. Er mochte sich nicht mehr auf der Straße sehen lassen, weil er fürchtete, daß Stephen an der Ecke auf der Lauer liege.

Damals war der Billardsalon von Bogart ein beliebter Aufenthalt der Lotsen, die dort gewöhnlich zusammenkamen, weniger um zu spielen, als um die Neuigkeiten vom Flusse auszutauschen. Eines Morgens war Yates dort; auch Stephen war anwesend, hielt sich aber außer Sicht. Als aber bald darauf alle Lotsen, welche sich in der Stadt befanden, erschienen waren, trat er plötzlich in ihre Mitte und stürzte auf Yates wie auf einen lange verlorenen Bruder zu.

„O, wie freue ich mich, dich zu sehen! Meiner Seele, dein Anblick ist ein Trost für meine Augen! Meine Herren, ich schulde euch allen Geld, zusammen wohl an vierzigtausend Dollars. Ich möchte sie bezahlen und beabsichtige sie auch zu bezahlen – bis auf den letzten Cent. Ihr alle wißt, ohne daß ich es zu sagen brauche, welchen Kummer es mir gemacht hat, daß ich solchen geduldigen und edelmütigen Freunden gegenüber so lange die großen Verpflichtungen habe; aber meine größte Pein – bei weitem meine größte Pein ist die Schuld, welche ich bei diesem edlen jungen Manne habe; und ich bin heute morgen eigens hierhergekommen, um euch mitzuteilen, daß ich endlich eine Methode gefunden habe, nach welcher ich alle meine Schulden bezahlen kann. Und ganz besonders lag mir daran, daß *er* hier sei, wenn ich diese Mitteilung machte. Ja, mein getreuer Freund, mein Wohlthäter, ich habe die Methode gefunden! Ich habe die Methode entdeckt, nach welcher ich alle meine Schulden bezahlen will, und du sollst auch zu deinem Gelde kommen!" In den Blicken Yates' dämmerte die Hoffnung auf; dann fuhr Stephen, mit wohlwollendem Lächeln und Yates die Hand aufs Haupt legend, fort: „Ich will sie alle in alphabetischer Reihenfolge bezahlen!"

Damit drehte er sich um und verschwand. Den verblüfften und nachsinnenden Lotsen wurde die volle Bedeutung der Stephenschen „Methode" erst nach ein paar Minuten klar, worauf Yates mit einem Seufzer brummte:

„Nun, die Y's haben eine prächtige Aussicht. In *dieser* Welt wird er nicht weiter als bis zu den C's kommen."

Meister Brown

Während der zwei oder dritthalb Jahre meiner Lehrzeit diente ich unter verschiedenen Lotsen und wurde mit vielen Arten von Dampfbooten und Bootsmannschaften bekannt; denn es paßte Herrn Bixby nicht immer, mich bei sich zu haben, und in solchen Fällen schickte er mich mit einem andern Lotsen fort. Ich ziehe noch heutzutage einigen Nutzen aus jener Erfahrung; denn in jener kurzen, aber scharfen Schule wurde ich mit fast all den verschiedenen Typen der menschlichen Natur, die in Dichtung, Biographie oder Geschichte zu finden sind, persönlich und genau bekannt. Täglich drängt sich mir die Thatsache auf, daß es durchschnittlich voller vierzig Jahre bedürfen würde, um einen Menschen, der auf dem Lande lebt, mit dieser Art von Kenntnissen und Erfahrungen auszustatten. Wenn ich sage, ich ziehe noch jetzt Nutzen daraus, so meine ich damit nicht, daß es einen Menschenkenner aus mir gemacht hat – nein, das hat es nicht gethan; denn Menschenkenner werden geboren, nicht erzogen. Mein Gewinn ist von verschiedener Art, was ich aber am höchsten daran schätze, das ist die Würze, welche jene Jugenderfahrung in späteren Jahren meiner Lektüre verliehen hat. Wenn ich in Dichtung oder Biographie einen gut gezeichneten Charakter finde, nehme ich gewöhnlich warmen, persönlichen Anteil an ihm, weil ich ihn früher gekannt habe – ihm auf dem Mississippi begegnet bin.

Die Gestalt, welche am häufigsten aus den Schatten jener vergangenen Zeit vor mir auftaucht, ist diejenige Browns vom Dampfer „Pennsylvania" – des schon in einem früheren Kapitel erwähnten Mannes mit dem guten und lästigen Gedächtnis. Er war ein Mann von mittlerem Alter mit einem Pferdegesicht, groß, mager, knochig, glattrasiert, ein unwissender, filziger, boshafter, mürrischer, tadelsüchtiger Tyrann, der aus jeder Mücke einen Elefanten machte. Es kam bald so weit, daß ich stets mit Furcht im Herzen auf Wache kam. Wie köstlich ich mich auch während der wachfreien Zeit drunten unterhalten hatte, wie prächtig gelaunt ich auch sein mochte, wenn ich hinaufging – sobald ich mich dem Steuerhause näherte, wurde mein Herz schwer wie Blei.

Ich erinnere mich noch, wie ich jenem Manne zum erstenmal entgegentrat. Das Boot hatte St. Louis verlassen und die Fahrt stromabwärts angetreten; ich stieg munter und fröhlich zum Steuerhaus hinan – sehr stolz, ein halbamtliches Mitglied der Arbeitsfamilie eines so schnellen und berühmten Dampfboots zu sein. Brown war am Steuerrad. Ich blieb in der Mitte des Raumes stehen, um meine Verbeugung zu machen, aber Brown sah sich nicht um. Ich meinte, er habe mir verstohlen einen flüchtigen Blick von der Seite zugeworfen; aber da nicht einmal diese Notiznahme sich wiederholte, glaubte ich mich getäuscht zu haben. Er steuerte mittlerweile in der Nähe der Holzhöfe behutsam durch einige gefährliche „Brüche“; es war also unpassend, ihn zu stören. Ich schritt daher leise zu der hohen Bank und setzte mich nieder.

Zehn Minuten lang herrschte Schweigen; dann drehte sich mein Prinzipal um und sah mich eine Viertelstunde lang, – wenigstens kam's mir so lange vor – bedächtig und genau von Kopf zu Fuß an, worauf er mir den Rücken zukehrte. Nach einigen Sekunden wandte er sich mir wieder zu und begrüßte mich mit der Frage:

„Bist du Horace Bixbys Lehrling?“

„Ja, Sir.“

Es folgte eine Pause und eine zweite Musterung. Dann:

„Wie heißt du?“

Ich sagte ihm meinen Namen, und er sprach ihn mir nach. Es ist wahrscheinlich das einzige, was er je vergessen hat; denn obgleich ich mehrere Monate bei ihm war, redete er mich nie anders an als „He!“, worauf dann sein Befehl folgte.

„Wo bist du geboren?“

„Zu Florida in Missouri.“

Eine Pause. Dann:

„Verflixt, wärest auch besser dort geblieben!“

Mittels eines Dutzends ziemlich direkter Fragen pumpte er meine Familiengeschichte aus mir heraus. Die Lote waren jetzt in der ersten Kreuzung im Gang. Das unterbrach die Ausforschung. Als das Loten eingestellt war, begann er wieder:

„Wie lang bist du schon auf dem Fluß?“

Ich sagte es ihm. Nach einer Pause:

„Wo hast du die Schuhe gekauft?“

Ich gab ihm die verlangte Auskunft.

„Halte deinen Fuß in die Höhe!“

Ich that's. Er trat einen Schritt zurück, musterte den Schuh eingehend und verächtlich, kratzte sich nachdenklich hinterm Ohr, schob seinen zuckerhutförmigen Hut weit nach vorn, um die Operation zu erleichtern, und rief dann aus: „Na, ich will verflixt sein!“ und kehrte zu seinem Rad zurück.

Welcher Anlaß vorlag, deshalb verflixt zu sein, ist mir heute noch ebensosehr ein Geheimnis wie damals. Es muß ganze fünfzehn Minuten – fünfzehn Minuten dumpfen, wehmutvollen Schweigens – gewährt haben, bis jenes lange Pferdegesicht sich mir wieder zukehrte – und wie verändert! Es war feuerrot, und jede Muskel darin zuckte. Und nun kam der Schrei:

„He! Willst du den ganzen Tag so dasitzen?“

Ich sprang in die Mitte des Raumes, durch die plötzliche Überraschung wie elektrisch fortgeschnellt. Sobald ich wieder Herr meiner Stimme war, sagte ich mich entschuldigend: „Ich habe keine Befehle bekommen, Sir.“

„Du hast keine *Befehle* bekommen! Ei, was für ein feiner Vogel wir sind! Wir müssen *Befehle* haben! Unser Vater war ein *Gentleman* – hatte Sklaven – und wir sind auf der Schule gewesen! Ja, *wir* sind *auch* ein Gentleman und müssen *Befehle* haben! Befehle also – Befehle brauchst du! Gott verflix meine Haut, ich will dich lehren, dich aufzublasen und dich da herumzutreiben mit deinen verflixten *Befehlen!* Weg vom Rad!“ (Ich hatte mich demselben genähert, ohne es selbst zu wissen.)

Ich trat ein paar Schritte zurück und stand da wie traumbefangen; alle meine Sinne waren betäubt von diesem wütenden Angriff.

„Was stehst du da herum? Trage den Eiskübel hinab zum Steward – rasch dabei, und bleibe nicht den ganzen Tag aus.“

Sobald ich wieder ins Steuerhaus kam, sagte Brown:

„He! Was hast du denn die ganze Zeit unten getrieben?"

„Ich konnte den Steward nicht finden und mußte bis zur Speisekammer gehen."

„Verflixt wahrscheinliche Geschichte! Fülle den Ofen."

Ich machte mich daran. Er beobachtete mich wie eine Katze und rief gleich darauf:

„Lege die Schaufel weg! Verflixtester Dummkopf, den ich je sah – hat nicht 'mal Grütze genug, einen Ofen zu füllen."

Und so ging es vier Stunden lang, bis zum Ende der Wache, weiter – ja, und die folgenden Wachen, eine Reihe von Monaten hindurch, glichen sehr dieser ersten. Wie ich schon gesagt habe, kam es bald dahin, daß ich stets mit Furcht die Wache antrat. Sobald ich in seiner Nähe war, konnte ich – selbst in der dunkelsten Nacht – fühlen, daß seine gelben Augen auf mir ruhten, und wußte, daß ihr Besitzer nur auf einen Vorwand wartete, um Gift auf mich auszuspeien. Zur Einleitung sagte er etwa:

„He! Nimm das Rad!"

Zwei Minuten später:

„Wo in aller Welt fährst du hin? Nieder mit dem Steuer! Nieder mit dem Steuer!"

Nach einer weitern Minute:

„Nun! Willst du denn den ganzen Tag das Rad so festhalten? Laß es fliegen. – Stütz' es! Stütz' es!" Dann sprang er von der Bank herab, riß mir das Rad aus der Hand und stetigte den Lauf des Bootes selbst, fortwährend seinen Zorn über mich ausschüttend.

George Ritchie war der Lehrling des andern Lotsen. Er hatte jetzt gute Tage, denn sein „Baas", George Ealer, war ebenso gutherzig, wie Brown boshaft war. Ritchie hatte in der Saison vorher für Brown gesteuert; folglich wußte er genau, wie er zu gleicher Zeit sich belustigen und mich quälen konnte. So oft ich auf Ealers Wache für einen Augenblick das Rad ergriff, setzte sich Ritchie auf die Bank und spielte Brown, indem er mich fortwährend mit Ausrufen quälte, wie: „Fang es! fang es! Verflixtester Gelbschnabel, den ich je sah!" „He! Wo willst du denn jetzt hin? Willst du jenen Baumstamm überrennen?" *„Nieder mit dem Ruder!* Hörst du nicht? *Nieder* mit dem Ruder!" „Da gehts hin! Just wie ich's erwartete. Ich sagte dir doch, du solltest nicht dem Riff so nahe kommen! Weg vom Rad!"

Und so hatte ich stets eine böse Zeit, gleichviel wer auf Wache war! und manchmal schienen mir Ritchies gutmütige Neckereien fast ebenso unerträglich wie Browns bitterernste Quälereien.

Ich hätte zuweilen Brown vor Ärger umbringen mögen; aber das ging nicht an. Ein Lehrling mußte alles hinnehmen, was sein „Baas" ihm an kräftigen Bemerkungen und Kritiken bot; und wir glaubten bestimmt, es gebe ein Gesetz, das eine schwere Strafe über jeden verhänge, der einen Lotsen im Dienst schlage oder bedrohe. Doch konnte ich mir ja *einbilden,* daß ich Brown tötete, dagegen gab es kein Gesetz; und das that ich denn auch immer, wenn ich im Bett war. Statt in Gedanken mich mit dem Strom zu beschäftigen, wie es meine Pflicht war, warf ich des Vergnügens wegen das Geschäft beiseite und tötete Brown. Monatelang tötete ich Brown allnächtlich; nicht auf alte, abgedroschene Weise, sondern auf neue und malerische – auf Weisen, die zuweilen wegen der Frische des Plans und der Schauerlichkeit der Lage und Umgebung überraschend waren.

Brown lauerte stets auf eine Gelegenheit zum Tadeln und wenn er keinen plausiblen Grund hatte, so erfand er einen. Er schalt mich, weil ich dicht am Ufer hinfuhr und weil ich *nicht* dicht am Ufer hinfuhr; weil ich nahe an einer Sandbank hinsteuerte und weil ich zu weit davon entfernt blieb; weil ich das Rad ungeheißen niederdrehte und weil ich es *nicht* ungeheißen that; weil ich ohne Befehle handelte und weil ich auf Befehle wartete. Mit einem Wort, es war unveränderliche Regel bei ihm, *alles* zu bemängeln, was ich that, und eine weitere Regel, alle seine Bemerkungen mir gegenüber in die Form einer Beleidigung zu kleiden.

Eines Tages näherten wir uns, stromabwärts steuernd und schwer beladen, Neu-Madrid. Brown stand auf der einen Seite des Rades und steuerte, ich auf der andern, bereit, dasselbe nieder- oder aufzudrehen. Er warf mir zuweilen einen verstohlenen Blick zu. Ich wußte schon lange, was das bedeutete – nämlich, daß er mir eine Falle zu stellen versuchte, und war nur neugierig, welche Gestalt dieselbe annehmen sollte. Nach einiger Zeit trat er vom Rad zurück und sagte in seiner gewohnten mürrischen Weise:

„He! – Sieh, ob du Grütze genug hast, das Boot herumzudrehen."

Das mußte unbedingt ein Triumph für ihn werden; er hatte mich das Boot nie herumdrehen lassen, und so konnte er ausgiebig tadeln, wie ich es auch machen würde. Er stand hinter mir, sein gieriges Auge auf mich gerichtet, und das Resultat war wie vorauszusehen: ich verlor in ein paar Augenblicken den Kopf und wußte nicht mehr, was ich that. Ich begann zu früh mit dem Herumdrehen, entdeckte aber einen grünlichen Freudenschimmer in Browns Augen und verbesserte meinen Mißgriff; ich begann abermals, während wir noch zu weit oben waren, korrigierte mich aber noch zeitig genug; ich machte andere falsche Bewegungen, zog mich aber stets wieder aus der Verlegenheit. Schließlich aber wurde ich so verwirrt und ängstlich, daß ich in den allerschlimmsten Fehler verfiel – ich kam zu weit abwärts, ehe ich das Boot herumzuholen begann. Die Gelegenheit für Brown war gekommen.

Sein Gesicht wurde rot vor leidenschaftlicher Wut; er machte einen Satz, schleuderte mich mit einer Bewegung seines Armes vom Steuer weg, ließ das Rad rasch herumfliegen und begann einen Strom von Schmähungen über mich auszugießen, der anhielt, bis er außer Atem war. Im Laufe seiner Rede gab er mir alle Arten von Schimpfnamen, die er erdenken konnte, und einmal oder zweimal dachte ich, er würde sogar fluchen – aber er hatte das nie gethan und that es auch diesmal nicht. „Ganz verflixt“ war das Äußerste, was er in der Richtung gegen einen Fluch hin wagte, denn es war ihm ein heilsamer Respekt vor zukünftigem Feuer und Schwefel anerzogen worden.

Das war eine böse Stunde, denn auf dem Sturmdeck stand eine große Zuhörerschaft. Als ich in jener Nacht im Bette lag, tötete ich Brown auf siebzehn verschiedene Arten – alle neu.

Brown und ich tauschen Komplimente aus

Während der übernächsten Fahrt geriet ich in eine ernste Patsche. Brown steuerte; ich half ihm. Mein jüngerer, im Bureau angestellter Bruder erschien auf dem Sturmdeck und rief Brown zu, er solle bei einem Landungsplatz etwa eine Meile weiter abwärts anlegen. Brown gab durch kein Zeichen zu verstehen, daß er etwas gehört habe; aber das war so seine Art: er ließ sich nie herab, von einem Bureaubeamten Notiz zu nehmen. Es wehte ein starker Wind; Brown war schwerhörig (obgleich er das stets bestritt) und ich war sehr im Zweifel, ob er den Befehl gehört hatte. Wenn ich zwei Köpfe gehabt hätte, würde ich gesprochen haben; da ich aber nur einen besaß, schien es mir klug, für diesen Sorge zu tragen; ich verhielt mich also ruhig.

Richtig segelten wir bald darauf an jener Pflanzung vorbei.

Kapitän Kleinfelder erschien auf dem Verdeck und sagte:

„Lenken Sie doch das Boot herum, Sir, lenken Sie's herum. Sagte Henry Ihnen nicht, daß Sie hier landen sollten?“

„*Nein*, Sir!“

„Ich sandte ihn eigens deshalb herauf.“

„Er kam auch herauf; aber das ist alles, was er that, der verflixte Narr. Er sagte kein Wort.“

„Hast du es nicht gehört?“ fragte der Kapitän mich.

Ich wollte natürlich nicht gern in diese Geschichte verwickelt werde“; aber es war nicht zu vermeiden, und so sagte ich:

„Ja, Sir.“

Ich wußte im voraus, was Browns nächste Bemerkung darauf sein würde; sie lautete:

„Halt's Maul! Du hast so etwas nicht gehört.“

Ich schwieg dieser Weisung gemäß. Eine Stunde später kam Henry ins Steuerhaus, ohne etwas von dem Vorgefallenen zu wissen. Er war ein ganz harmloser Bursche und that mir leid, als ich ihn kommen sah, denn ich wußte, daß Brown kein Mitleid mit ihm haben würde. Brown begann sofort:

„He! warum sagtest du mir nicht, daß ich bei jener Pflanzung landen sollte?“

„Ich sagte es Ihnen, Herr Brown.“

„Das ist 'ne Lüge!“

Ich rief: „Sie lügen selbst. Er sagte es Ihnen.“

Brown sah mich mit ungeheucheltem Erstaunen an, und für einen Augenblick war er ganz sprachlos; dann schrie er mir zu:

„Mit dir werde ich gleich ein Wort reden!“ und hierauf zu Henry: „Und du verläßt das Steuerhaus; hinaus mit dir!“

Das war Lotsengesetz und mußte befolgt werden. Henry wandte sich zum Gehen und hatte eben den Fuß auf die obere Stufe vor der Thür gesetzt, als Brown in einem plötzlichen Wutanfall ein etwa zehnpfündiges Stück Kohle ergriff und ihm nachsprang; ich kam jedoch mit einem schweren Stuhl dazwischen und versetzte Brown einen tüchtigen Streich, der ihn niederstreckte.

Ich hatte das Kapitalverbrechen begangen – hatte meine Hand gegen einen Lotsen im Dienst erhoben. Da ich einmal doch fürs Zuchthaus reif war, konnte ich meine Lage kaum verschlimmern, wenn ich fortfuhr, meine Rechnung mit diesem Menschen auszugleichen, so lange ich die Gelegenheit dazu hatte; so machte ich mich denn an ihn heran und bearbeitete ihn eine beträchtliche Zeit – ich weiß nicht, wie lange – mit den Fäusten; das Vergnügen ließ mir die Zeit wohl länger erscheinen, als sie wirklich war; – endlich aber riß er sich los, sprang auf und zum Rad hin: eine sehr natürliche Besorgnis, denn während dieser ganzen Zeit raste das Fahrzeug mit einer Geschwindigkeit von fünfzehn Meilen in der Stunde den Fluß hinab, ohne daß jemand am Steuer war! Eagle Bend war jedoch bei diesem Wasserstand zwei Meilen breit und entsprechend lang und tief, und das Boot steuerte gerade in der Mitte des Fahrwassers hinab und vermied alle Hindernisse. Aber das war reines Glück – es hätte ebenso gut in den Wald hinein dampfen können.

Als Brown auf den ersten Blick sah, daß die „Pennsylvania" nicht in Gefahr war, nahm er das lange Fernrohr wie eine Keule zur Hand und befahl mir mit steiferer Würde, als ein Comanche besitzt, das Steuerhaus zu verlassen. Aber ich fürchtete mich jetzt nicht mehr vor ihm; statt also zu gehen, blieb ich und kritisierte seine Sprechweise, formte seine schauderhaften Ausdrücke um und brachte sie in gutes Englisch, wobei ich seine Aufmerksamkeit auf die Vorzüge eines reinen Englisch vor dem Bastarddialekt der pennsylvanischen Kohlenbergwerke lenkte, aus denen er stammte. In einem Kreuzfeuer bloßer Schmähungen hätte er seine Rolle bewunderungswürdig spielen können, für diese Art der Kontroverse aber war er nicht gewappnet; er legte daher das Fernrohr beiseite und ergriff murmelnd und kopfschüttelnd das Rad, während ich mich auf die hohe Bank setzte. Der Lärm hatte alles auf's Sturmdeck gelockt, und ich zitterte, als ich den alten Kapitän aus der Mitte der Schar heraufschauen sah. Ich sagte mir „Nun bin ich verloren!" – denn so väterlich und nachsichtig der Kapitän gewöhnlich gegen seine Leute und so milde er bei kleinem Versehen war, so streng konnte er bei einem ernstlichen Vergehen sein.

Ich versuchte mir vorzustellen, was er mit einem Lotsenlehrling thun würde, der sich ein Verbrechen wie das meine hätte zu schulden kommen lassen, und noch dazu auf einem Dampfer, der voll von Passagieren und kostbarer Fracht war. Unsere Wache war fast zu Ende. Ich gedachte mich irgendwo zu verstecken, bis ich eine Gelegenheit fände, ans Land zu schlüpfen. So schlich ich denn aus dem Steuerhaus, die Treppe hinab und auf die Thür zum Saale zu – und wollte eben hineingleiten, als der Kapitän mir entgegentrat. Ich ließ den Kopf hängen; er stand einige Augenblicke schweigend vor mir und sagte dann:

„Folge mir!"

Ich schritt ihm nach, in seine Kajüte am vordern Ende des Salons. Wir waren jetzt allein. Er schloß die hintere Thür, ging dann langsam zur vordern und schloß auch diese. Darauf setzte er sich nieder, sah mich eine Weile an und sagte schließlich:

„Du hast dich also mit Herrn Brown geprügelt?"

Ich antwortete demütig: „Ja, Sir."

„Weißt du, daß das eine sehr ernste Sache ist?"

„Ja, Sir."

„Weißt du, daß dieses Boot volle fünf Minuten den Strom hinabdampfte, ohne daß jemand am Steuerruder war?"

„Ja, Sir."

„Hast du ihn zuerst geschlagen?"

„Ja, Sir."

„Womit?"

„Mit einem Stuhl, Sir."

„Stark?"

„Mittelmäßig, Sir."

„Warf es ihn nieder?"

„Er – er fiel, Sir."

„Was machtest du weiter? Thatest du sonst noch etwas?"

„Ja, Sir."

„Was denn?"

„Bearbeitete ihn mit den Fäusten, Sir."

„Mit den Fäusten?"

„Ja, Sir."

„Gehörig? – das heißt stark?"

„Ich glaube wohl, Sir."

„Das freut mich ganz verteufelt! Höre, laß dir nie merken, daß ich das sagte. Du hast dir ein schweres Verbrechen zu schulden kommen lassen; thue es ja nicht wieder auf diesem Boot. *Aber* – paß ihm auf am Lande! Prügle ihn ganz gehörig durch, hörst du? Ich werde die Kosten bezahlen. Und nun geh – und höre, daß du mir kein Wort davon laut werden lässest! Fort mit dir! – du hast ein schweres Verbrechen begangen, du Schlingel!"

Ich schlich hinaus, glücklich im Gefühl des Entkommens und einer großen Erlösung; und ich hörte ihn für sich hin lachen und sich auf die strammen Schenkel schlagen, nachdem ich seine Thür geschlossen hatte.

Als Brown von der Wache kam, ging er stracks zum Kapitän, der mit einigen Passagieren auf dem Kesseldeck plauderte, verlangte, daß ich in New-Orleans ans Land gesetzt würde und fügte hinzu:

„Ich werde das Rad auf diesem Boot nicht mehr drehen, solange der Bursche an Bord ist."

Der Kapitän sagte:

„Aber er braucht ja nicht ins Steuerhaus zu kommen, solange Sie auf Wache sind, Herr Brown."

„Ich mag nicht einmal auf demselben Boote mit ihm bleiben. Einer von uns muß ans Land."

„Sehr wohl," sagte der Kapitän, „dann mögen *Sie* dieser *eine* sein." Damit setzte er sein Gespräch mit den Passagieren fort.

Während des kurzen Restes dieser Fahrt erfuhr ich, wie einem befreiten Sklaven zumute ist; denn ich selbst war jetzt ein befreiter Sklave. Während wir an den Landeplätzen lagen, lauschte ich George Ealers Flötenspiel oder seinem Vorlesen aus seinen beiden Bibeln, d. h. Goldsmith und Shakespeare, oder ich spielte Schach mit ihm – und würde ihn manchmal geschlagen haben, wenn er nicht stets seinen letzten Zug zurückgenommen und dadurch dem Spiel eine andere Wendung gegeben hätte.

Eine Katastrophe

Wir lagen drei Tage in New-Orleans, es gelang dem Kapitän jedoch nicht, einen andern Lotsen zu finden; er schlug daher vor, daß ich die Tageswachen übernehmen und die Nachtwachen Georg Ealer überlassen sollte. Ich fürchtete mich aber, denn ich hatte noch nie ganz allein die Wache gehabt und glaubte, daß ich das Boot sicher am obern Ende einer Durchfahrt zu Schaden oder an einer schmalen Stelle auf den Grund bringen würde. Brown behielt nun seine Stelle, wollte aber nicht mit mir fahren. So wurde denn abgemacht, daß ich auf dem „A. T. Lacey" nach St. Louis nachkommen sollte; dort wollte der Kapitän einen neuen Lotsen anstellen, so daß ich meinen Platz als Steuerer wieder einnehmen könnte. Der „Lacey" sollte ein paar Tage nach der „Pennsylvania" abfahren.

In der Nacht vor der Abfahrt der „Pennsylvania" saßen Henry und ich bis Mitternacht plaudernd auf einem Frachthaufen am Hafendamm. Unsere Unterhaltung betraf einen Gegenstand, der, wie ich glaube, noch nicht besprochen ist – die Unglücksfälle der Dampfboote. Ein solcher war eben im Anzuge, ohne daß wir es ahnten; das Wasser zu dem Dampf, der das Unglück verursachen sollte, strömte schon an einer Landspitze etwa fünfzehnhundert Meilen stromaufwärts vorüber, während wir plauderten – traf aber rechtzeitig am rechten Orte ein. Wir bezweifelten, ob Personen ohne rechte Autorität bei Unglücksfällen und der sie begleitenden Panik viel nützen könnten, meinten aber, daß sie immerhin *etwas* zu nützen vermöchten; so beschlossen wir denn, falls wir je ein solches Unglück erleben sollten, wenigstens bis zum letzten Augenblick auf dem Posten zu bleiben und kleinere Dienste zu leisten, wie es der Zufall bieten würde. Henry erinnerte sich später daran, als das Unglück geschah, und handelte demgemäß.

Der „Lacey" fuhr also zwei Tage später ab als die „Pennsylvania", mit der mein Bruder fuhr. Als wir nach ein paar Tagen zu Greenville in Mississippi anlegten, rief uns jemand zu:

„Die „Pennsylvania" ist bei der Schiffsinsel in die Luft geflogen und hundertfünfzig Menschenleben sind zu Grunde gegangen."

Zu Napoleon in Arkansas erhielten wir noch am selben Tage das Extrablatt einer Zeitung in Memphis, das einige Einzelheiten enthielt. Es erwähnte meinen Bruder – als unverletzt.

Weiter den Fluß hinauf bekamen wir ein später erschienenes Extrablatt. Mein Bruder war wieder erwähnt – diesmal als tödlich verletzt. Erst als wir Memphis erreichten, erhielten wir ausführliche Mitteilungen über die Katastrophe. Hier folgt die leidvolle Geschichte:

Es war um sechs Uhr früh an einem heißen Sommermorgen. Die „Pennsylvania" fuhr nördlich von der Schiffsinsel, etwa sechzig Meilen unterhalb Memphis, langsam mit halbem Dampf weiter, da sie im Schlepptau ein mit Holz beladenes Flachboot hatte, das rasch geleert wurde. George Ealer war im Steuerhaus – allein; glaube ich; der zweite Maschinist und ein Heizer hatten die Wache im Maschinenraum, der zweite Steuermann die Wache auf Deck; Herr Wood, Georg Black und mein Bruder, alle drei Buchhalter, schliefen, ebenso Brown und der Obermaschinist, der Zimmermann, der Obersteuermann und ein Heizer; Kapitän Kleinfelter saß im Barbierstuhl, und der Barbier wollte gerade mit dem Rasieren beginnen. Wie man damals erzählte, waren sehr viele Kajüts- und 3–400 Deckspassagiere an Bord, von denen die meisten noch schliefen. Als das Holzboot nahezu entleert war, läutete Ealer „Volle Kraft vorwärts!" und im nächsten Augenblick explodierten vier von den acht Dampfkesseln mit donnerndem Krachen, und das ganze vordere Drittel des Dampfers flog den Wolken zu! Der Hauptteil der Masse mit den Schornsteinen fiel wieder auf das Boot: ein Berg zertrümmerter, chaotischer Wrackstücke, – dann brach nach einer kleinen Weile Feuer aus.

Viele Leute wurden in beträchtliche Entfernungen geschleudert und fielen in den Fluß, darunter auch Herr Wood, mein Bruder und der Zimmermann. Der Zimmermann lag noch auf seiner Matratze ausgestreckt, als er fünfundsiebzig Fuß vom Dampfer entfernt ins Wasser fiel. Von Brown, dem Lotsen und Georg Black, dem ersten Buchhalter, wurde nach der Explosion nichts mehr gesehen und gehört. Der Barbierstuhl mit dem unverletzten Kapitän Kleinfelter darin stand mit dem Rücken gegen einen tiefen Abgrund – das ganze Vorderteil des Schiffes war verschwunden, und der verblüffte Barbier, der gleichfalls unverletzt geblieben war, stand da, unbewußt das Messer am Streichriemen abziehend, dicht vor dem klaffenden Spalt, mit einem Zehen über der Leere, ohne ein Wort zu sagen.

Als George Ealer die Schornsteine vor seinen Augen in die Höhe fliegen sah, wußte er, was los war; er hüllte sein Gesicht mit den Rockschößen ein und preßte die Hände davor, um durch diesen Schutz zu verhindern, daß der heiße Dampf in seine Nase oder seinen Mund gelangen konnte. Er hatte Zeit genug, sich mit diesen Einzelheiten zu beschäftigen, während er auf- und abwärts flog. Bald darauf landete er auf einem der nicht explodierten Dampfkessel, in Begleitung seines Rades und eines Hagels anderer Sachen und in eine Wolke siedend heißen Dampfes gehüllt, vierzig Fuß unterhalb des früheren Steuerhauses. Alle, welche den Dampf einatmeten, sind gestorben; keiner kam davon. Ealer atmete aber keinen Dampf ein; er eilte so rasch wie möglich in die freie Luft; und als der Dampf sich verzog, kehrte er zurück und kletterte wieder auf den Dampfkessel, wo er mit großer Geduld alle seine Schachfiguren und die verschiedenen Teile seiner Flöte zusammensuchte.

Mittlerweile begann das Feuer bedrohend zu werden. Schreien und Stöhnen erfüllten die Luft. Sehr viele Personen waren verbrüht, viele andere verstümmelt; einem Manne – einem Geistlichen, glaube ich – hatte die Explosion eine eiserne Brechstange durch den Leib getrieben; er starb nicht sogleich, und seine Leiden waren ganz gräßlich. Ein junger französischer Seekadett von fünfzehn Jahren, der Sohn eines französischen Admirals, wurde fürchterlich verbrüht, ertrug aber die Qualen mannhaft. Beide Steuerleute waren arg verbrüht, blieben aber trotzdem standhaft auf ihren Posten. Sie brachten das Flachboot nach dem Heck und trieben mit dem Kapitän die rasende Schar der erschreckten Passagiere zurück, bis die Verwundeten dorthin und in Sicherheit gebracht worden waren.

Als Herr Wood und Henry ins Wasser fielen, schwammen sie aufs Ufer zu, das nur einige hundert Schritte entfernt war; aber Henry sagte bald darauf, er glaube nicht verletzt zu sein (welch unbegreiflicher Irrtum!) und wolle deshalb zum Boot zurückschwimmen und die Verwundeten retten helfen. Damit schieden sie, und Henry kehrte um.

Mittlerweile verbreitete sich das Feuer mit rasender Schnelle, und mehrere Personen, die unter den Trümmern eingesperrt waren, schrieen kläglich um Hilfe. Alle Bemühungen, das Feuer zu bewältigen, erwiesen sich als fruchtlos; so wurden denn bald die Eimer beiseite geworfen und die Offiziere ergriffen die Äxte und versuchten, die Gefangenen herauszuhauen. Unter den Gefangenen befand sich auch ein Heizer; er sagte, er wäre nicht verletzt, könnte sich aber nicht befreien; als er sah, daß das Feuer die Hilfeleistenden vertreiben würde, bat er, man möge ihn erschießen und so vor dem gräßlicheren Feuertod retten. Das Feuer vertrieb wirklich die Offiziere, so daß sie unthätig das Flehen dieses armen Burschen anhören mußten, bis die Flammen seine Qualen endeten.

Das Feuer drängte alles, was nur irgend Platz finden konnte, auf das Holzboot; dann wurde dieses losgeschnitten und trieb nun mit dem brennenden Dampfer den Fluß hinab auf die Schiffsinsel zu. Man verankerte das Boot am oberen Ende der Insel und dort mußten die halbnackten Insassen, ohne Schutz vor der sengenden Sonne, ohne Speise und Stärkungsmittel und ohne Hilfe für ihre Verletzungen den ganzen Tag bleiben. Endlich kam ein Dampfer, der die Unglücklichen nach Memphis brachte, wo ihnen sogleich die ausgiebigste Hilfe zuteil wurde. Henry war mittlerweile bewußtlos geworden. Die Ärzte untersuchten seine Verletzungen, und da sie sahen, daß dieselben tödlich waren, wandten sie natürlich ihre Aufmerksamkeit anderen Patienten zu, die gerettet werden konnten.

Vierzig der Verwundeten wurde in einer großen öffentlichen Halle untergebracht, und unter diesen war auch Henry. Die Damen von Memphis kamen jeden Tag mit Blumen, Obst, Süßigkeiten und Leckerbissen aller Art und pflegten die Verwundeten. Alle Ärzte und Studierenden der Medizin leisteten Tag und Nacht Dienste; und die übrige Stadt lieferte Geld oder was sonst erforderlich war. Memphis hatte gelernt, wie alles aufs beste auszuführen sei und war vor allen Städten am Strom in dem gnadenreichen Amt des barmherzigen Samariters wohl erfahren, da schon manches Unglück, wie das der „Pennsylvania", vor seinen Thoren sich ereignet hatte.

Der Anblick, der sich mir beim Eintritt in jenen weiten Saal bot, war mir neu und fremdartig. Zwei lange Reihen ausgestreckter Gestalten – mehr als vierzig im ganzen – und jedes Gesicht, jeder Kopf eine formlose Masse loser, roher Baumwolle. Es war ein grauenvoller Anblick. Ich wachte sechs Tage und Nächte dort und machte dabei recht traurige Erfahrungen. Ein tägliches Ereignis war besonders niederdrückend – das war die Entfernung der Sterbenden in ein eigenes Gemach. Man that dies, um die moralische Kraft der andern Patienten nicht zu sehr auf die Probe zu stellen. Der dem Tode Geweihte wurde mit möglichst geringem Aufsehen fortgeschafft, und die Bahre war stets hinter einer lebenden Mauer von Assistenten verborgen; aber das half nichts – jedermann wußte, was jene Schar gebeugter Gestalten mit dem leisen Schritt und der langsamen Bewegung bedeutete.

Ich sah viele arme Burschen nach dem „Totenzimmer" bringen, die ich nie wieder zu sehen bekam; unsern Obersteuermann aber sah ich öfter als einmal hinbringen. Seine Verletzungen waren entsetzlich, besonders die Verbrühungen; er war bis an die Lenden mit Leinöl und roher Baumwolle verbunden und hatte keine Ähnlichkeit mehr mit etwas Menschlichem. Er war oft nicht bei Besinnung, und dann wütete, schrie und kreischte er vor Schmerz. Nach einer Periode dumpfer Erschöpfung verwandelte plötzlich seine gestörte Phantasie das große Gemach in die Back eines Dampfers, die Schar der ab- und zueilenden Wärterinnen in die Schiffsmannschaft; er setzte sich aufrecht auf sein Lager und rief: „Tummelt euch, tummelt euch, ihr Petrefakten, ihr Schneckenbäuche, ihr Bahrtuchträger! soll's denn den ganzen Tag währen, bis der Hut voll Fracht ausgeladen ist?“ und ergänzte diesen Ausbruch mit einem himmelerschütternden Gewitter von Flüchen, denen nichts Einhalt thun konnte, bis sein Krater leer war. Hin und wieder, wenn diese Raserei ihn ergriff und festhielt, riß er die Baumwolle handvollweise ab, so daß das verbrühte Fleisch sichtbar war. Das war entsetzlich! Dieser Lärm und dieser Anblick waren natürlich für die andern schrecklich und deshalb versuchten die Ärzte ihm Morphium zu seiner Beruhigung zu geben. Aber er nahm es nicht, mochte er bei Verstand sein oder nicht: er erklärte, sein Weib wäre mit diesem verräterischen Arzneimittel getötet worden, und er wolle lieber sterben als es einnehmen. Er argwöhnte, daß die Ärzte es heimlich mit seiner Medizin und seinem Trinkwasser vermengten, und rührte deshalb beides nicht mehr an. Als er einmal zwei glühendheiße Tage ohne Wasser gewesen war, ergriff er den Trinkbecher; der Anblick der klaren Flüssigkeit und die Durstesqual versuchten ihn fast über seine Kraft; aber er beherrschte sich und warf das Gefäß von sich, und später ließ er keines mehr in seine Nähe kommen. Dreimal sah ich ihn, bewußtlos und anscheinend sterbend, ins „Totenzimmer“ tragen; aber jedesmal lebte er wieder auf, verwünschte seine Wärter und verlangte zurückgebracht zu werden. Er kam mit dem Leben davon und war später wieder Steuermann auf einem Dampfboot.

Er war jedoch der einzige, der in das „Totenzimmer“ kam und lebendig zurückkehrte. Dr. Peyton, ein ausgezeichneter Arzt und reich an allen den Eigenschaften, die einen reinen, makellosen Charakter bilden, that alles, was geschultes Urteil und langjährige Erfahrung für Henry thun konnten; aber wie die Zeitungen von Anfang an gesagt hatten, seine Verletzungen waren unheilbar. Am Abend des sechsten Tages beschäftigte sich sein entschwebender Geist mit fernliegenden Dingen, und seine kraftlosen Finger zupften krampfhaft an seiner Bettdecke. Seine Stunde hatte geschlagen; wir trugen ihn ins „Totenzimmer“.

Armer Junge!

* * *

Nach Verlauf der gehörigen Zeit erhielt ich meine Licenz: jetzt war ich Lotse und vollständig flügge. Ich bekam ab und zu Beschäftigung; und da ich kein Unglück hatte, machte die gelegentliche Beschäftigung einer länger dauernden Anstellung Platz. Die Zeit verging ruhig und glücklich, und ich glaubte – und hoffte daß ich den Rest meiner Tage auf dem Strome verleben und am Rade sterben würde, wenn meine Laufbahn beendigt wäre. Aber da kam der Krieg, Handel und Verkehr stockten, und meine Beschäftigung war dahin.

Meinen Anteil im Krieg findet der Leser am Schluß dieser Skizzen. Vorher aber will ich demselben schildern, was aus dem Leben auf dem Mississippi seitdem geworden ist.

Nach langen Jahren

Einundzwanzig Jahre waren gekommen und gegangen, seit ich zuletzt aus den Fenstern eines Ruderhauses geblickt hatte. Da ergriff mich plötzlich eine unwiderstehliche Lust, den Fluß wiederzusehen, die Dampfboote und die alten Kameraden, die etwa noch am Leben sein mochten. Kurz entschlossen brach ich um die Mitte April nach dem Westen auf.

Ich kam gegen Abend nach St. Louis, wo ich im „Südhotel“ abstieg. Das ist ein gutes Gasthaus, auch nicht zu neumodisch, was besonders bei den Billardtafeln zu Tage tritt, die noch aus der silurischen Erdperiode stammen, während die Kugeln und Queues der Tertiärformation angehören. Aber solche Altertümer sieht man immer gern; sie machen das Leben behaglich.

Auch das Trinkwasser hatte sich nicht verändert und sah noch ebenso gelbbraun aus wie früher; daran ist der Missouri schuld, der die Ufer unterwühlt und die Erde mit fortschwemmt. Läßt man sein Glas eine halbe Stunde stehen, so scheidet sich das Wasser vom festen Lande, wie bei der Erschaffung der Welt; aber die Einheimischen warten nicht darauf, sondern rühren beides untereinander und trinken den Schlamm wie Haferschleim. Das fällt jedoch den Fremden schwer.

Am nächsten Morgen fuhr ich bei Regenwetter aus, um mir die Stadt anzusehen, fand aber nicht viel Neues. Das kam wohl daher, weil in St. Louis, wie in Pittsburg und London, fortwährend eine schwarze Wolke von Kohlenrauch über den Häusern schwebt und alles neue gleich alt macht. In

Wirklichkeit hatte sich die Stadt sehr verändert, sie war fast doppelt so groß als zu meiner Zeit und zählte 400 000 Einwohner. Die schönen, vornehmen Wohnhäuser inmitten grüner Rasenplätze, viele prachtvolle öffentliche Gebäude, der Waldpark, der botanische Garten, die glänzende Straßenbeleuchtung, das alles war seitdem entstanden.

Den größten Umschwung fand ich aber auf dem Hafendamm, jedoch im rückschrittlichen Sinne. Wo ich gewohnt war, meilenlange Reihen von Dampfschiffen in voller Thätigkeit zu sehen, lagen jetzt nur noch fünf oder sechs im Halbschlaf. Der lustige Flußschiffer, der vormals hier eine so große Rolle spielte, war wie aus der Welt verschwunden. Sein Geschäft ist ihm genommen, seine Macht ist aus; er ist in der großen Masse untergegangen und arbeitet mit in der allgemeinen Tretmühle. Ein paar träge Dampfer, eine endlose, leere Werft, ein Neger, der lang ausgestreckt seinen Rausch verschlief, und weit und breit lautloses Schweigen, sonst war nichts von den mächtigen Kauffahrteiflotten übrig geblieben, die hier in friedlichem Wettbetrieb miteinander rangen.

Das schlechte Pflaster und der schuhtiefe Schmutz auf dem Dammweg waren mir wohlbekannt, aber mir fehlten die zahllosen Rollwagen und Karren, die sich stoßenden und drängenden Menschen, die Berge aufgetürmter Frachtgüter – wo waren die hingeraten?

Eisenbahn und Schlepper hatten die Sache sehr gründlich in Angriff genommen. Diese trostlose Verödung war ihr Werk. Auch die Riesenbrücke, deren Bogen sich über unsern Häuptern wölbten, trug einen Teil der Schuld an der Zerstörung. St. Louis ist eine blühende Stadt, die stetig fortschreitet, deren Wohlstand wächst, aber ihre Flußschiffahrt liegt im Todesschlaf, und für sie giebt es kein Auferstehen.

Die Dampferfahrt auf dem Mississippi nahm 1812 ihren Anfang und entwickelte sich in einem Zeitraum von dreißig Jahren zu ganz außerordentlicher Ausdehnung und einem großartigen Verkehr. Nach abermals dreißig Jahren war sie tot. Wahrlich, ein ungewöhnlich kurzes Leben für eine Schöpfung von solcher Erhabenheit.

Die veralteten Kielboote fielen den Dampfern zum Opfer, welche die Reisenden in höchstens acht Tagen nach New Orleans beförderten. Als jedoch die Eisenbahn in zwei bis drei Tagen das leisteten, wozu die Dampfboote eine Woche brauchten, war es um letztere geschehen. Dem ehemaligen Güterverkehr aber machte eine Unzahl von Schleppdampfern ein Ende, die sechs oder sieben

Schiffsladungen auf einmal für so geringe Kosten den Strom hinabbeförderten, daß von einem Wettbewerb der Dampfboote gar keine Rede mehr sein konnte.

Mein ursprünglicher Plan war gewesen, mich in jeder Stadt zwischen St. Louis und New-Orleans kurze Zeit aufzuhalten. Doch das mußte ich mir aus dem Sinne schlagen, denn die Lokalboote von früher giebt es nicht mehr; nur in längeren Pausen verkehren noch Paketboote zwischen bestimmten Städten. Es traf sich glücklich, daß der „Goldstaub" noch am selben Abend abfahren sollte. Das Boot war sauber und bequem, ich belegte einen Platz bis Memphis und wir dampften pünktlich um acht Uhr in den Fluß hinaus.

Als wir in der dichten Finsternis nach dem anderen Ufer hinüber hielten, blitzte plötzlich ein blendender Strahl elektrischen Lichtes von unserm Vordeck auf und beleuchtete das Wasser und die Speicher am Lande mit Tageshelle. Die Zeiten der flackernden, rauchenden, tröpfelnden Pechfackeln, die doch kein Licht verbreiteten, sind für immer vorbei.

Die Fahrt von St. Louis bis Cairo, eine Strecke von zweihundert Meilen, verlief aufs angenehmste. Die Hügel an beiden Ufern des breiten Flusses prangten im Frühlingsschmuck, es wehte eine leichte Brise und das Wetter war sonnig und klar. Den ganzen folgenden Tag dampften wir weiter den Mississippi hinunter und begegneten nur einem einzigen Dampfboot, das obendrein, wie ich durch das Fernrohr erspähte, meinen Namen trug. Eine so hohe Ehre war mir bisher noch nicht widerfahren.

Früher hätten bei solchem Wasserstande meilenlange Holzflöße und Kohlenleichter zu Dutzenden den Strom bedeckt, nebst zahlreichen kleinen Handelsbooten, die von Farm zu Farm segelten, mit der ganzen Familie des Eigentümers an Bord; von alledem ist aber keine Spur mehr vorhanden.

Bei sinkender Nacht näherten wir uns der ebenso berüchtigten wie gefürchteten Plumspitze. Aber sie war kein Gegenstand des Schreckens mehr. Die heutige Regierung hat, so zu sagen, aus dem Mississippi einen zweitausend Meilen langen Fackelzug gemacht. Am Anfang und Ende jeder Windung brennt ein helles Leuchtfeuer; man fährt eigentlich nie im Dunkeln, überall sind Lampen angezündet, voraus, achteraus und querab. Es ist eine förmliche Verschwendung damit getrieben, denn die Leuchtfeuer finden sich auch an Stellen, wo nun und nimmermehr eine Untiefe gewesen ist noch sein wird, und wo jedes Dampfschiff, das den Weg nur einmal gemacht hat, sich mit Leichtigkeit zurechtfinden kann.

Das ist alles recht schön und gut, auch sehr bequem für die Schiffahrt; aber das Lotsenhandwerk hat dadurch seine ganze Romantik verloren. Wenn früher das Boot bei stockdunkler Nacht aus dem Ruder lief, um in die Wälder hinein zu dampfen, so gab das aufregende Momente für den Steuerer. Nicht weniger beängstigend war es, sich in dichter Finsternis durch ein enges Fahrwasser hindurch zu winden; aber jetzt kommt das nicht mehr vor – das elektrische Licht blitzt auf, verwandelt im Nu die Nacht zum hellen Tage, und alle Gefahr und Aufregung hat ein Ende.

In unserer Zeit fortwährender Neuerungen hat die Anker-Linie den Kapitän über den Lotsen gestellt, indem sie jenem ein höheres Gehalt giebt. Das war schon an sich ein starkes Stück, aber damit nicht genug, ist auch noch die Verordnung erlassen worden, daß der Lotse auf dem Posten bleibt und seine Wache weiter geht, mag nun der Dampfer am Ufer anlegen oder in Fahrt sein. Einst waren wir die Vornehmsten auf dem Flusse, jetzt darf unsereins nicht mehr zu Bette gehen, während die Ladung zu Hunderten von Tonnen an Bord geschafft wird; nein, wir müssen im Steuerhäuschen sitzen und obendrein die Augen offen halten. Wahrhaftig, so behandelt man kaum den gewöhnlichsten Steuermann oder Maschinisten! – Die Regierung hat unserm Beruf alle Romantik genommen, die Anker-Linie aber nimmt uns Rang und Würde. Bei Nacht sah die Plumspitze noch gerade so aus wie ehedem, nur daß jetzt Leuchtfeuer in der Kreuzung brannten, und eine Menge anderer Lichter auf der Spitze und am Ufer entlang. Die letzteren blinken herüber von der Flotte der Vereinigten-Staaten-Strombau-Kommission, und aus den Wohnhäusern und Bureaus, die dort am Lande für ihre Beamten gebaut worden sind. Die Militäringenieure der Kommission haben die Arbeit übernommen, den Mississippi umzumodeln und zur Ordnung zu bringen, eine Aufgabe, die fast so groß und erhaben ist wie das Werk, ihn ursprünglich zu erschaffen. Man legt Fangdämme an, um die Strömung abzulenken, errichtet Deiche, welche sie in engere Grenzen einzwängen, und noch andere Deiche, um den Fluß im neuen Bette festzuhalten. Unzählige Meilen am Mississippi entlang werden die Wälder umgehauen; man will die Ufer in einer Breite von fünfzig Metern völlig kahl scheren, um sie dann, wie ein schräges Hausdach, bis zum Tiefwassermark herunter abzutragen und mit Steinen zu belasten. Andere, der Überschwemmung ausgesetzte Strecken schützt man wiederum durch eingerammte Pfähle.

Wer aber den Mississippi kennt, wird sich gleich sagen – nicht laut, aber leise – , daß zehntausend Strombaukommissionen, und wenn ihnen sämtliche Goldminen der Erde zur Verfügung ständen, den eigenwilligen Strom nicht zähmen werden. Er läßt sich nicht Gewalt anthun und einengen; man kann ihm nicht befehlen: fließe hier, fließe dort, und ihn zum Gehorsam zwingen. Ein Uferland, das er fortschwemmen will, vermag niemand zu retten, jedes Hindernis, das seinen Lauf hemmen soll, reißt er nieder oder springt darüber hinweg und spottet des ohnmächtigen Versuchs.

Doch darf man dergleichen nicht unbedingt behaupten; ein verständiger Mann behält seine Meinung für sich, gegenüber der höheren Weisheit der Herren Ingenieure von der Militärakademie, die an Gelehrsamkeit nirgends ihresgleichen haben. Wenn *sie* glauben, daß sie den Strom bemeistern können, so thut der Laie am besten zu schweigen und abzuwarten.

Ich sprach darüber mit „Onkel“ Mumford, (so wurde der zweite Offizier an Bord allgemein genannt) und will hier seine Ansicht genau wiedergeben.

„Seit dreißig Jahren,“ sagte Onkel Mumford, „bin ich Schiffsmaat und habe den Strom beobachtet und studiert. Meint Ihr, ich hätte mehr davon auf der Militärakademie gelernt? Aus all den Büchern und Lehrstunden in West-Point kann man in vier Jahren mancherlei lernen, das geb' ich zu – aber den Strom – bah, wer's glaubt! –

„Ja, wenn's so ein kleiner europäischer Fluß wäre, mit seinem festen Grund und klaren Wasser, das gäb' einen Sonntagsspaß für die Kommission, den einzudämmen, zu pfählen, zu deichen, ihn zu zähmen, zu meistern, hierhin und dorthin zu leiten, und ihn so gefügig zu machen, daß er blindlings alles thäte, was man von ihm verlangt. Aber mit unserm Mississippi ist das ein ander Ding. Die Leute haben ihre Arbeit in der besten Meinung und mit großer Zuversicht angefangen, aber sie bringen's nicht fertig, verlaßt euch drauf. Seht nur einmal näher zu, wie sie's machen.

„An der Teufelsinsel im obern Fluß, zum Beispiel, da soll das Wasser links herum fließen, statt rechts. Sie errichteten eine Steinmauer und wollten es zwingen. Aber, was kehrt sich mein Fluß an eine Mauer! Als sie fertig war, brach er mitten hindurch. Sie können's ja noch einmal versuchen, vielleicht gelingt's dann besser. – Am untern Fluß schlagen sie Spundwände, um die Ufer zu schützen und das Wasser abzulenken. Was hilft's? – Es fackelt nicht lange und reißt das Land an einer andern Stelle mit fort. Will man etwa die Ufer des ganzen

Flußlaufes mit Pfählen bestecken? – Meiner Treu, da thäte man besser, man kaufte sich Grund und Boden und machte einen ganz neuen Mississippi – das käme viel billiger zu stehen."

Als noch viertausend Boote den Strom hinunter schwammen, nebst zehntausend riesigen Kohlenleichtern und ungezählten Flößen und Handelskähnen, da gab es nicht eine lumpige Laterne, von St. Paul bis New-Orleans. Heutzutage fahren zwar nur noch ein paar Dutzend Boote auf dem Mississippi. und die Flöße und Kohlenleichter sind ganz verschwunden, aber die Regierung thut viel für den Strom und giebt Unsummen aus, um ihn zu beleuchten, auszubaggern und einzudämmen. Wenn's erst einmal überhaupt keine Dampfer mehr auf dem Mississippi giebt, dann hat es die Kommission sicherlich so weit gebracht, daß die Stromfahrt vollkommen gefahrlos ist und man sich dabei so ruhig und geborgen fühlt wie in Abrahams Schoß.

Anhang

Ein mißlungener Feldzug.

Sommer 1861 wälzte sich die erste Kriegswoge an das Ufer von Missouri. Unionstruppen waren in den Staat eingefallen und hatten St. Louis nebst andern festen Plätzen in ihre Gewalt bekommen. Zu ihrer Abwehr rief der Gouverneur Claib Jackson sofort durch eine Proklamation 50 000 Mann Milizen unter die Waffen.

Ich hielt mich damals vorübergehend in dem zum Bezirk Marion gehörigen Städtchen Hannibal auf, wo ich meine Knabenzeit verlebt hatte. Als der Aufruf erschien, veranstaltete ich mit mehreren Kameraden eine nächtliche Zusammenkunft an einem geheimen Ort. Wir bildeten eine Kompagnie, zu deren Hauptmann ein gewisser Tym Lyman gewählt wurde, der zwar keine militärische Erfahrung, aber viel Mut besaß; mich machte man zum Unterlieutenant. Einen Oberlieutenant hatten wir nicht, wie das kam, habe ich vergessen – es ist zu lange her. Wir waren unser fünfzehn und ein wackerer Bursche aus unser Mitte schlug vor, wir sollten uns die „Schützen von Marion" nennen. Der Name gefiel uns und keiner wußte etwas dagegen einzuwenden. Nach dem jungen Menschen, der den Rat gegeben, konnte man sich ungefähr einen Begriff machen, wie unser ganzes Korps beschaffen war. Jung, unwissend, gutmütig, oberflächlich, voll bester Absichten und romantischer Gefühle, schwärmte er meist für Ritterromane und melancholische Liebeslieder. Er besaß entschieden vornehme Neigungen und verabscheute unter anderm seinen eigenen Namen Dunlap, der in jener Gegend fast so verbreitet war wie Smith und für sein Ohr einen zu gemeinen Klang hatte. Um ihm einen feineren Anstrich zu geben, schrieb er sich d'Unlap. Das war nun dem Auge zwar wohlgefällig, aber im übrigen wenig befriedigend, denn die Leute sprachen den neuen Namen ganz ebenso aus wie den alten, mit dem Nachdruck auf der ersten Silbe. Zuletzt verstieg er sich zu einer That, die man als wahrhaft heldenkühn bezeichnen muß, wenn man bedenkt, wie sehr die Welt alle Ziererei und Unnatur haßt und verdammt: er nannte sich nämlich d'Un Lap.

Das war eine großartige Erfindung. Mit unermüdlicher Geduld ertrug er allen Spott und Hohn, die sie ihm einbrachte, überzeugt, daß wenn er nur den Mut hätte zu warten, der Sieg ihm nicht fehlen könne. Er erlebte es auch wirklich, daß der Name durchdrang und daß Leute, die ihn von klein auf kannten und mit dem Geschlecht der Dunlaps so vertraut waren wie mit Regen und Sonnenschein, den Nachdruck auf die *letzte* Silbe legten, wie er es eben haben wollte. Er behauptete nämlich, er habe in einer alten französischen Chronik entdeckt, daß die richtige Schreibart des Namens ursprünglich d'Un Lap gewesen sei, was in der Übersetzung soviel wie Peterson bedeute. Lap, aus dem Lateinischen oder Griechischen stammend, heiße Stein oder Fels, wie das französische pierre, also Peter; d' von, un einer oder einem, also d'Un Lap: von einem Stein oder einem Peter, das heißt der Sohn eines Steins – eines Peter – Peterson. – In der Kompagnie hatten wir keine Gelehrten und die Erklärung ging über unser Verständnis, so nannten wir ihn denn Peterson Dunlap.

Ein anderer der Kameraden, Ed. Stevens, war der Sohn eines Goldschmieds von Hannibal, hübsch und zierlich von Gestalt und sauber wie ein Kätzchen; ein begabter Mensch, auch wohlunterrichtet, doch nahm er nichts ernsthaft im Leben und war stets zu allerlei Unfug aufgelegt. Auch den Feldzug betrachtete er nur wie eine Art Feiertagsspaß. Das ging übrigens den meisten von uns nicht viel anders – mit oder ohne Bewußtsein. Aus Überlegung zu handeln war überhaupt nicht unsere Sache, wir waren's nicht imstande. Was mich betraf, so machte es mir ein kindisches Vergnügen, daß ich nicht mehr wie auf dem Dampfer um Mitternacht und um vier Uhr morgens aus dem Bette mußte; ich freute mich über die Abwechslung, über den neuen Schauplatz meiner

Thätigkeit und jedes neue Lebensinteresse. Was die Zukunft im einzelnen bringen könnte, bedachte ich nicht – man thut das selten mit vierundzwanzig Jahren.

Ein Bursche ganz anderer Art war Smith, der Lehrling des Hufschmieds. Diesem großen Esel fehlte es, trotz seiner langsamen, schwerfälligen Natur, nicht an Kraft und Mut, auch hatte er ein weiches Herz. Gelegentlich schlug er wohl ein Pferd zu Boden, wenn es nicht parieren wollte, ein andermal aber bekam er Heimweh und fing an zu weinen. Zuletzt ward ihm noch eine Auszeichnung zu teil, deren sich nur wenige von uns rühmen konnten: er blieb dem Kriegshandwerk treu und fiel auf dem Schlachtfeld.

Jo Bowers, auch einer aus der Kompagnie, war ein vierschrötiger, flachshaariger Schlingel, gefühlvoll, träge, meist mit allem unzufrieden und ein harmloser Prahlhans. Das Lügen betrieb er mit großartiger Frechheit; wie fleißig er sich aber darin übte, es glückte ihm trotzdem selten, denn seine Erziehung war vernachlässigt worden, man hatte ihn eigentlich wild aufwachsen lassen. Er nahm das Leben ziemlich ernst und es behagte ihm oft ganz und gar nicht; im übrigen war er ein guter Kamerad und recht beliebt. Er wurde zum Sergeanten und Ordonnanzoffizier gemacht; Stevens ernannten wir zum Korporal.

Nach den eben beschriebenen Exemplaren kann man sich von den übrigen leicht eine Vorstellung machen. Was ließ sich wohl von einer derartigen zusammengelaufenen Herde im Kriege erwarten? – Jeder that sein Bestes, aber was konnte dabei herauskommen? Gar nichts, sollte ich meinen – und das traf auch zu.

In einer dunklen Nacht begaben wir uns von verschiedenen Punkten aus, so vorsichtig und heimlich wir konnten, paarweise nach dem Griffith-Platz außerhalb der Stadt und traten von dort unsern gemeinsamen Marsch an. Hannibal liegt in dem südöstlichen Winkel des Bezirks Marion und unser Bestimmungsort war New-London, zehn Meilen weiter im Bezirk Ralls.

Beim Abmarsch waren wir alle voll Lachen und Scherz und trieben nichts als Tollheiten. Doch das dauerte nicht lange. Das fortgesetzte Marschieren war uns bald eine Arbeit und mit dem Spiel war es vorbei. Auch die Stille des Waldes und das nächtliche Dunkel übte eine niederschlagende Wirkung auf unsere Lebensgeister. Die allgemeine Unterhaltung geriet ins Stocken, jeder versank in seine eigenen Gedanken und wohl eine halbe Stunde lang sprach kein Mensch ein Wort.

Wir näherten uns jetzt einem Blockhaus, in welchem, wie man munkelte, eine Wache von fünf Unionssoldaten postiert war. Hier im Dunkel der Waldbäume, deren herabhängende Zweige uns verbargen, gebot unser Führer Lyman Halt. Dann teilte er uns im Flüsterton mit, sein Plan sei, das Haus zu erstürmen – was uns die Finsternis ringsum noch schwärzer erscheinen ließ. In diesem entscheidenden Augenblick ward uns klar, daß es sich um bittern Ernst handle – wir standen dem Kriege sozusagen Auge in Auge gegenüber. Doch verloren wir unsere Fassung nicht, wir waren auf alles gerüstet. Entschlossenen Muts erwiderten wir ohne Zaudern, wenn sich Lyman selbst mit den Unions-Soldaten einlassen wolle, so möge er nur tapfer darauf losgehen, doch könne er lange warten, bis wir ihm folgen würden.

Lyman bat und beschwor, er versuchte uns zu beschämen, aber alles vergebens. Nichts konnte uns von dem einmal gefaßten Plan abbringen: wir wollten das Blockhaus zur Seite liegen lassen und nur von außen umgehen. Und das thaten wir.

Unter großer Mühsal schlugen wir uns quer durch den Wald; bald stolperten wir über Wurzeln, bald verwickelten wir uns in Schlinggewächsen oder blieben am Dorngestrüpp hängen. Endlich erreichten wir einen offenen Platz in sicherer Gegend, wo wir uns erhitzt und atemlos niedersetzten, um uns abzukühlen und unsere Schrammen und sonstigen Verletzungen zu besichtigen. Lyman war ärgerlich, wir andern aber guten Mutes; weshalb sollten wir auch die Köpfe hängen lassen – unsere erste militärische Unternehmung war ja geglückt: wir hatten das Blockhaus umgangen und konnten wohl zufrieden sein. Scherz und Lachen begann von neuem, der Kriegszug wurde wieder zum Festtagsspaß.

Nach kurzer Rast marschierten wir abermals weiter, zwei Stunden lang, zuletzt in dumpfem Schweigen. Als der Morgen dämmerte, zogen wir erschöpft, beschmutzt und mit wunden Füßen in New-London ein; wir waren alle schlecht gelaunt und schimpften heimlich auf den Krieg; nur Stevens hatte seine gute Stimmung behalten. Nachdem wir unsere alten, schäbigen Flinten in der Scheune des Obersten Rall, eines Veteranen aus dem mexikanischen Krieg, zusammengestellt hatten, frühstückten wir alle gemeinsam in seinem Hause. Später führte er uns auf eine einsame Waldwiese und hielt uns dort, im Schatten eines Baumes, eine hochtrabende Rede voll Ruhm und Pulverdampf, in der es von Beiwörtern, bildlichen Anspielungen und schwungvollen Phrasen wimmelte – das gehörte mit zur Beredsamkeit in jener alten Zeit und entlegenen Gegend. Er ließ uns dann auf die Bibel schwören, daß wir dem Staate Missouri treu bleiben und alle Eindringlinge verjagen wollten, von welcher Seite sie auch kämen und unter welcher Fahne sie marschierten. Dies verwirrte uns einigermaßen, denn wir begriffen nicht recht, zu wessen Dienst wir uns eigentlich verpflichtet hatten; Oberst Rall aber, der erfahrene Politiker und Wortverdreher, war darüber gar nicht in Zweifel. Er wußte genau, daß er uns für die Sache des Südbunds angeworben hatte. Zuletzt gürtete er mir noch ein Schwert um, welches Oberst Brown, sein Nachbar, in Mexiko getragen hatte, und endete die Feierlichkeit durch einen großartigen Wortschwall.

Hierauf marschierten wir in Reih und Glied nach einem grünen, schattigen Waldrevier, am Rande einer weiten, blumengeschmückten Wiese. Es war ein herrlicher Schauplatz für den Krieg – wie wir ihn betrieben. Ins Innere des Waldes eindringend, bezogen wir eine feste Stellung, die im Rücken durch niedere, bewaldete Felsberge geschützt war und vor uns durch einen klaren sprudelnden Bach. Sofort schwamm die Hälfte unseres Kommandos im Wasser, während sich die übrigen auf den Fischfang begaben. An dem Platz, wo wir unser Lager aufschlugen, war ehemals Ahornzucker gesiedet worden; die verfaulten Tröge lehnten noch an den Bäumen. Nicht weit davon lag ein alter Kornspeicher, in welchem das Bataillon sein Nachtquartier nahm. Gegen Mittag kamen die Farmer von allen Seiten mit Pferden und Mauleseln herbei, die sie uns für die Dauer des Krieges leihen wollten, auf etwa drei Monate, wie sie meinten. Es waren Tiere von der verschiedensten Größe, Farbe und Zucht, meistens jung und unbändig, so daß kein einziger aus unserm Kommando sich lange im Sattel halten konnte; wir Städter waren im Reiten noch ungeübt. Ich erhielt ein kleines Maultier zugeteilt, welches, rasch und lebhaft in seinen Bewegungen, mich ohne alle Schwierigkeit jedesmal wieder abwarf, wenn ich aufgestiegen war. Dann reckte es den Hals, spitzte die Ohren, riß die Kinnladen auf, daß man ihm tief in den Schlund sehen konnte, und ließ sein Triumphgeschrei hören. Es war ein widerwärtiges Tier in jeder Beziehung; faßte ich es beim Zügel, um es aus der Wiese zu führen, so stemmte es sich mit aller Kraft dagegen und war nicht vom Fleck zu bringen. Das gewöhnte ich ihm aber gründlich ab, denn auf einige militärische Kniffe verstand ich mich doch. Ich hatte in meinem Leben schon manchen festgefahrenen Dampfer wieder flott werden sehen, da wurde es mir nicht schwer, so ein störriges Maultier flott zu machen. Bei dem Kornspeicher war ein Brunnen; ich nahm also statt des Halfters einen dreißig Faden langen Strick, verfuhr damit wie bei der Ankerwinde und schaffte das Tier ohne Aufenthalt nach Hause.

An Korn für die Pferde war kein Mangel; wir füllten es in die alten Zuckertröge, die uns dazu sehr gelegen kamen. Als ich aber Bowers befahl, mein Maultier zu füttern, erwiderte er, ich dächte wohl, er ziehe in den Krieg um den Pferdeknecht zu spielen – das sollte ich mir nur vergehen lassen. Ich hielt dies eigentlich für Insubordination, doch waren mir die militärischen Begriffe noch so wenig geläufig, daß ich lieber stillschweigend darüber hinwegging, da ich meiner Sache nicht gewiß war. Nun richtete ich den gleichen Befehl an Smith, den Hufschmiedslehrling, der aber sah mich nur kalt lächelnd an und wandte mir höhnisch den Rücken. Schließlich begab ich mich zum Hauptmann, um ihn zu fragen, ob mir nicht von Rechts wegen eine Ordonnanz zugewiesen werden müsse. Lyman bejahte dies, meinte aber, da sich im ganzen Korps nur *eine* Ordonnanz befinde, könne er Bowers in seinem Stabe nicht entbehren. Bowers war jedoch anderer Meinung, er sagte, es fiele ihm gar nicht ein, in irgend einem Stabe zu dienen; es solle doch einmal jemand kommen und versuchen, ihn dazu zu zwingen. – Unter diesen Umständen blieb nichts übrig als die Sache auf sich beruhen zu lassen.

Auch das Kochen wollte keiner übernehmen, man hielt es für entwürdigend und wir mußten uns ohne Mittagessen begnügen. Den Rest des schönen Tages vertrödelte jeder auf seine Weise, einige schliefen unter den Bäumen, andere rauchten ihre Thonpfeifen, wobei sie von ihren Liebchen und dem Kriege plauderten, noch andere trieben allerlei Spiele. Als es Zeit zum Abendessen war, hatten wir solchen Hunger, daß alle Hand anlegten und, ohne Unterschied des Ranges, Holz sammelten, Feuer anmachten und das Essen bereiteten. Eine Weile ging nun alles gut, dann brach aber zwischen dem Sergeanten und dem Korporal ein Streit aus, wer von ihnen die höhere Charge habe. Das wußte jedoch niemand und Lyman mußte sich zuletzt ins Mittel legen und erklären, daß beide auf der gleichen Rangstufe ständen. Ein Befehlshaber so unwissender Truppen hatte Nöte und Ärgernisse zu bestehen, die in einer regulären Armee wahrscheinlich niemals vorkommen können. Als wir später am Lagerfeuer saßen, uns Geschichten erzählten und Lieder sangen, waren bald alle wieder heiter und guter Dinge. Dann harkten wir das Korn an einem Ende des Speichers zurecht und legten uns schlafen. Draußen vor der Thür stand ein Pferd angebunden, damit es wiehern sollte, wenn jemand den Versuch machte einzudringen. – Ich glaubte das wenigstens damals und erfuhr erst lange nachher, daß das Tier nur aus Versehen die Nacht über dort geblieben war.

Am Vormittag machten wir unsere regelmäßigen Reitübungen, und wenn wir auch niemals Meister wurden in dieser Kunst, so erlangten wir doch einige Fertigkeit. Den Nachmittag pflegten wir zu Ausflügen in die Umgegend zu benutzen; wir ritten in einzelnen Trupps mehrere Meilen weit, besuchten die Töchter der Farmer, ließen uns das Mittagessen oder Abendbrot, das man uns auftrug, trefflich schmecken, unterhielten uns aufs beste und kehrten dann wohlgemut in unser Lager zurück.

Eine Zeitlang schwelgten wir in diesem köstlichen Müßiggang, alles ging nach Wunsch und nichts störte unser Vergnügen. Da brachten die Farmer beunruhigende Nachrichten; es hieß, der Feind hätte die Richtung nach unserer Gegend genommen und käme durch Hydes Wiesengrund herangezogen. – Das war ein rauhes Erwachen aus süßen Träumen und wir wußten in unserer Bestürzung nicht gleich, wohin wir den Rückzug antreten sollten. Bei der Unbestimmtheit des Gerüchts wollte Lyman anfänglich überhaupt nichts von einem Rückzug hören, doch sah er bald ein, daß er nicht wagen dürfe, auf seinem Kopf zu bestehen. Das Kommando war nicht in der Stimmung, sich eine Insubordination gefallen zu lassen. Er gab daher nach und rief einen Kriegsrat zusammen, bei dem, außer ihm selber, nur noch drei Offiziere zugegen sein sollten. Die Gemeinen waren jedoch so aufgebracht über diesen Beschluß, daß wir ihnen gestatten mußten, dazubleiben und sich an der Beratung zu beteiligen, was sie mit großem Eifer thaten. Es handelte sich um die Frage, auf welchem Wege wir uns zurückziehen wollten; bei der Aufregung, die in der Versammlung herrschte, war jedoch niemand imstande einen Vorschlag zu machen. Nur Lyman erklärte kaltblütig, wenn wir nicht nach Hydes Wiesengrund marschierten und so dem Feinde entgegengingen, sei es ganz gleichgültig, welchen Weg wir zum Rückzug wählten. Wie klug und richtig das war, leuchtete uns auf der Stelle ein und wir priesen unseres Hauptmanns Scharfsinn. Gemeinsam ward nun beschlossen, Zuflucht bei einem Freunde unserer Sache, dem Farmer Mason zu suchen, dessen Gut eine halbe Meile zu unserer Linken lag. Inzwischen war die Dämmerung hereingebrochen, und da wir nicht wußten, wie bald der Feind eintreffen könne, hielten wir es für das beste, den Marsch sofort anzutreten und unsere Pferde und sonstigen Habseligkeiten zurückzulassen.

Nur Flinten und Schießbedarf mit uns führend, brachen wir auf; der Weg war höchst mühselig, steil und steinicht, dazu stockfinstere Nacht und strömender Regen. Der vorderste von unsern Leuten stolperte und fiel, sein Hintermann über ihn her und der nächste wieder über diesen, bis zuletzt Bowers, der das Pulverfaß trug, an den schlüpfrigen Abhang kam, auf dem das ganze Kommando am Boden lag, Arme und Beine in einem Knäuel durcheinander. Natürlich fiel auch er mit dem Fäßchen und brachte das ganze Korps ins Rutschen, bis es unten in einem Bach landete. Nun geriet der Haufen in Bewegung; wer zu unterst war, raufte, biß und kratzte den, der über ihm lag, es entstand eine allgemeine Prügelei und jeder verschwor sich hoch und teuer, käme er nur diesmal glücklich aus dem Bach, so zöge er nun und nimmermehr wieder in den Krieg. Ob das Land zu Grunde gehe, sei ihm einerlei, der Feind kümmere ihn ganz und gar nicht – und was dergleichen Redensarten mehr waren. Während wir sie anhörten und in leisem Flüsterton mit einstimmten, wurde uns ganz jämmerlich zu Mute an dem schauerlich dunkeln Ort, zumal wir durch und durch naß waren und obendrein den Feind höchst wahrscheinlich auf den Fersen hatten.

Pulver und Flinten waren verloren gegangen und das Schimpfen und Brummen nahm kein Ende; die Leute tasteten auf dem sumpfigen Erdreich nach ihren Waffen umher oder versuchten sie aus dem Bach zu fischen, was viel Zeit kostete. Plötzlich vernahmen wir ein Geräusch, hielten den Atem an und lauschten, ob es der nahende Feind sei. Es klang ganz wie das Brüllen einer Kuh, aber wir konnten nicht warten, um es näher zu untersuchen. So gaben wir denn Fersengeld und trachteten Masons Pachtgut zu erreichen, so rasch das im Dunkeln möglich war. Wir verirrten uns jedoch etlichemale in den vielen Felsschluchten und es hatte schon neun Uhr geschlagen, als wir endlich an den Heckenzaun gelangten. Eben wollten wir uns als Freunde zu erkennen geben und hatten schon den Mund zur Parole geöffnet, da kam mit schrecklichem Gebell und Geheul eine Meute Hunde über den Zaun gesetzt; jeder Hund kriegte einen Soldaten von hinten am Beinkleid zu packen und lief mit ihm davon. Wir konnten die Hunde nicht totschießen, aus Furcht, die Personen zu treffen, in die sie sich festgebissen hatten; so standen wir denn ratlos und hilflos einem Schauspiel gegenüber, das so kläglich und beschämend war, wie vielleicht kein zweites im ganzen Bürgerkrieg. Auch an Beleuchtung fehlte es dabei nicht, denn der alte Mason und seine Söhne kamen auf den Lärm mit Lichtern vor das Haus gelaufen. Es gelang ihnen leicht, die Hunde loszumachen, bis auf Bowers Bulldogge, die ganz mit ihm zusammengewachsen schien und erst losließ, als man sie mit kochendem Wasser begoß, wobei Bowers auch seinen Teil abbekam und sich gebührend bedankte.

Im Hause angekommen, wurden wir mit einer Flut von Fragen bestürmt, bis sich herausstellte, daß wir gar nicht wußten, vor wem wir eigentlich die Flucht ergriffen hatten. Das ging dem alten Mason doch über den Spaß; er meinte, wir wären Soldaten von echtem Schrot und Korn; keine Regierung sei ja imstande das Schuhleder zu bezahlen, das es kosten würde, immer hinter uns drein zu laufen und da müsse der Krieg wohl bald von selber aufhören. Dann fragte er, warum wir keine Wachen am Wiesengrund aufgestellt hätten oder Kundschafter ausgeschickt, um Näheres über die Stärke und Ausrüstung des Feindes zu erfahren, statt auf ein bloßes Gerücht hin unsere feste Stellung zu verlassen und das Hasenpanier zu ergreifen. Je mehr er sprach, um so erbärmlicher ward uns zu Mute – das war noch ein weit schlimmerer Willkommen als der Angriff der Hunde.

Beschämt schlichen wir zu Bette, um uns von allem, was wir durchgemacht hatten gründlich zu erholen und auszuruhen. Allein unser Schlummer war nur von kurzer Dauer, die Leiden jener Nacht hatten noch kein Ende. Gegen zwei Uhr ertönte plötzlich von der Straße her ein Warnungsruf, in den die ganze Hundeschar laut heulend mit einstimmte; schon im nächsten Augenblick war alles auf den Beinen, um zu sehen, welcher Feind im Anzuge sei. Ein Reiter hatte die Nachricht gebracht, daß eine Abteilung Unionstruppen von Hannibal heranmarschiere und strengen Befehl habe, alle Banden wie die unserige, auf welche sie stoßen würde, gefangen zu nehmen und ohne Barmherzigkeit aufzuknüpfen. Wollten wir der Gefahr entrinnen, so war keine Zeit zu verlieren. Farmer Mason geriet jetzt selbst in die größte Aufregung und jagte uns förmlich zum Haus hinaus. Ein Neger sollte uns an eine Bergschlucht führen, damit wir uns samt unsern verräterischen Gewehren verstecken könnten.

Draußen floß der Regen in Strömen; rasch ging es den Heckenweg hinunter, dann durch steinichtes Ackerland, wo bald der eine, bald der andere stolperte und auf dem nassen Boden lag. Wer zu Fall gekommen war, schimpfte auf den Krieg und auf alle, die Schuld hatten an seinem Anfang und Fortgang, am meisten aber verwünschte jeder seine eigene Thorheit, je daran teil genommen zu haben. Als wir den waldigen Eingang der Schlucht erreicht hatten, schickten wir den Neger wieder nach Hause. Dicht aneinander gedrängt standen wir unter den regentriefenden Bäumen und verbrachten eine entsetzliche Nacht. Die Wasser drohten uns zu ersäufen, das Heulen des Sturms, das Krachen des Donners betäubte uns, die zuckenden Blitze blendeten unsere Augen. Doch klapperten und bebten wir nicht vor Nässe und Kälte allein, weit schlimmer noch war unsere Angst vor der hänfenen Schlinge, die unserm Leben ein Ende zu machen drohte. Die Möglichkeit eines so schmachvollen Todes hatten wir nicht bedacht; sie verdarb die Romantik des ganzen Feldzugs und verwandelte unsere Träume von Ehre und Ruhm in entsetzliche Schreckgespenster. Daß jener barbarische Befehl wirklich erteilt worden sei, bezweifelte keiner aus unserer Schar.

Die lange Nacht ging schließlich doch vorüber und beim Morgengrauen brachte der Neger die Nachricht, das Gerücht sei falsch, es habe sich nicht bestätigt und bald werde das Frühstück fertig sein. Auf der Stelle waren wir wieder frohen Mutes, die Welt schien voll Glanz und Heiterkeit und das Leben so schön und hoffnungsreich wie immer – denn damals waren wir jung. Das ist schon lange her – über vierundzwanzig Jahre.

Ein Frühstück, wie es uns die Masons nun auftischten, bekommt man nur in Missouri. Knusprigen Zwieback und Weizenbrot, heiß aus dem Ofen mit dem hübschen Gittermuster verziert, frische Maiskuchen, gebratene Hühner, Speck, Kaffee, süße Milch, Eier, Buttermilch u. s. w. Wir brauchten das alles zu unserer Stärkung und ließen es uns trefflich schmecken.

Unser Aufenthalt bei Mason dauerte nur wenige Tage; die leblose Stille und Langeweile dieses schläfrigen Pachtguts ist mir aber die vielen Jahre hindurch in der Erinnerung geblieben, sie lastet noch heute mit einem Druck auf meinem Geist wie Trauer und Tod. Es gab da nichts zu denken, nichts zu thun, keinerlei Lebensinteresse. Die Männer waren den ganzen Tag über auf dem Felde, auch die Frauen gingen ihren Geschäften nach und man bekam sie nicht zu Gesichte. Der einzige Laut, der sich vernehmen ließ, war das einförmige Schnurren eines Spinnrads. Es klang aus einem entlegenen Zimmer mit so jammervollem Klageton zu uns herüber, daß wir meinten, vor Heimweh vergehen zu müssen.

Bei Dunkelwerden pflegte sich die Familie zur Ruhe zu begeben und wir mußten wohl oder übel dem Beispiel folgen. Schlaflos wälzten wir uns die ewig langen Stunden auf unserm Lager umher und zählten die Glockenschläge; eine solche Nacht dauerte hundert Jahre.

Zuletzt konnten wir es an dem Ort nicht länger aushalten und empfanden eine förmliche Freude als es hieß, daß uns der Feind wieder auf den Fersen sei. Unser kriegerischer Geist erwachte, wir waren wie neugeboren, stellten uns schnell in Reih und Glied und marschierten in unser früheres Lager zurück.

Hauptmann Lyman hatte sich jedoch Masons Winke wohl gemerkt; er gab jetzt Befehl, daß Wachen ausgestellt werden sollten, um uns vor Überrumpelung zu schützen. Ich hatte den Auftrag, für einen Posten an der Gabelung des Weges in Hydes Wiesengrund zu sorgen. Als die Nacht dunkel und drohend hereingebrochen war, befahl ich dem Sergeanten Bowers, die Wache dort bis zwölf Uhr zu übernehmen; allein er erwiderte, das thäte er nicht – wie ich von vornherein erwartet hatte. Ich versuchte noch einige andere zu überreden, aber alle schlugen es mir ab. Zwei oder drei entschuldigten sich wegen des schlechten Wetters, die übrigen aber erklärten freimütig, sie würden unter keiner Bedingung Folge leisten. – Das klingt uns jetzt sonderbar und wie ein Ding der Unmöglichkeit, damals aber war es gar nicht überraschend, sondern ein höchst natürliches und alltägliches Vorkommnis. Die jungen Leute, die sich durch ganz Missouri in kleinen Lagerplätzen, wie der unsrige, versammelt hatten, waren viel zu selbständig und unabhängig aufgewachsen, um sich den Befehlen von Tom, Dick oder Harry zu fügen, mit denen sie ihr Lebenlang auf du und du gestanden hatten. Im ganzen Süden wird es wohl ähnlich hergegangen sein – versteht sich nur während der ersten Monate des Krieges.

Das Oberkommando über sämtliche Milizen unserer Gegend führte der Brigadegeneral Thomas Harris, ein ausgezeichneter Mann und allgemein beliebt. Wir hatten ihn aber gut gekannt, als er noch der einzige Telegraphenbeamte in Hannibal war, der für geringen Sold wöchentlich meist *eine* Depesche abzuschicken hatte, und zwei, wenn die Geschäfte sich besonders drängten. Als er daher eines Tages plötzlich in unserer Mitte erschien und uns mit militärischer Würde Verhaltungsmaßregeln überbrachte, wunderte sich niemand über die Antwort, welche er von dem versammelten Korps erhielt:

„Na, wenn wir aber nun nicht wollen, Tom Harris – was dann?“

Mit Leuten solchen Schlages in den Krieg zu ziehen, scheint ein völlig hoffnungsloses Beginnen. Dennoch haben einige meiner damaligen Kameraden später das blutige Handwerk trefflich erlernt; sie sind tüchtige Soldaten geworden, welche gehorchten wie die Maschinen, den Krieg bis zu Ende mitmachten und mit Ehren entlassen wurden. Ein Bursche zum Beispiel, der mich damals einen Schafskopf nannte, weil ich glaubte, er werde tollkühn genug sein, um den gefährlichen Posten zu beziehen, hat sich, ehe er noch ein Jahr älter war, durch Mut und Unerschrockenheit ganz besonders hervorgethan.

Es gelang mir an jenem Abend doch noch, Bowers zu bewegen, mit mir den Nachtdienst zu versehen. Ich schlug ihm nämlich vor, den Rang mit ihm zu tauschen und ihn als Untergebener zu begleiten. In pechfinsterer Nacht und bei strömendem Regen verbrachten wir ein paar erbärmliche Stunden zu Pferde. Bowers schimpfte ohne Unterlaß auf das Wetter und den Krieg, bis wir einzunicken begannen und uns kaum mehr im Sattel halten konnten. Nun quälten wir uns nicht länger, sondern ritten ins Lager, ohne auf Ablösung zu warten. Der Feind hätte es mit Leichtigkeit ebenso machen können, denn niemand hielt uns an oder fragte nach unserm Begehr; nirgends ließ sich eine Schildwache blicken, alles lag in festem Schlaf. Auch wurde, so viel ich weiß, nie wieder der Versuch gemacht, zur Nachtzeit einen Posten auszustellen, nur bei Tage hielten wir Wache.

In dem Kornspeicher, wo das Kommando schlief, entstand gewöhnlich großer Lärm, bevor noch der Morgen graute. Zahllose Ratten waren dort einquartiert; sie kletterten zu aller Ärger und Verdruß auf den Schläfern herum und liefen ihnen ohne weiteres über das Gesicht. Bald bissen sie diesen, bald jenen Soldaten in die Fußzehe, der fluchend aufsprang und im Dunkeln mit Maiskolben um sich warf; die waren zwar nicht ganz so hart wie Ziegelsteine, aber wen sie trafen, dem that es doch weh. Das wollte sich keiner gefallen lassen; ehe fünf Minuten vergingen, lag ein Nachbar dem andern in den Haaren und es entstand eine allgemeine Rauferei. So kam es, daß im Kornspeicher viel Blut vergossen wurde, das war aber auch das einzige, welches ich fließen sah, solange ich am Kriege teilnahm. – Nein, halt, das ist nicht die volle Wahrheit! Einmal floß doch Blut, und wie das geschah, will ich jetzt erzählen:

Wir wurden, wie bereits gesagt, häufig durch allerlei Gerüchte erschreckt. Von Zeit zu Zeit tauchte immer wieder die Nachricht auf, daß der Feind heranrücke und wir zogen uns vor ihm stets in ein anderes Lager zurück. Da es sich jedoch jedesmal erwies, daß es nur blinder Lärm gewesen, wurden wir schließlich gleichgültig dagegen. Als nun eines Abends ein Neger wieder mit dem alten Liede gegangen kam, daß der Feind in der Nähe lauere, sagten wir: „Schon gut!" und beschlossen, uns in unserer Ruhe und Bequemlichkeit nicht stören zu lassen. Über diesen echt kriegerischen Beschluß empfanden wir im ersten Augenblick ein wahres Hochgefühl. Wir waren gerade sehr lustig und guter Dinge gewesen und hatten allerlei Possen getrieben; damit war es für jetzt freilich vorbei – Scherz und Lachen klang nur noch gezwungen, bald verstummte es ganz und tiefe Stille herrschte in der Kompagnie. Wir hatten einmal gesagt, daß wir dableiben wollten und konnten unser Wort nicht brechen, doch wären wir wohl zu überreden gewesen, das Lager zu verlassen, wenn nur einer den Mut gehabt hätte, es vorzuschlagen. Lange verharrten wir in ängstlichem Schweigen am selben Platze, dann begann eine fast geräuschlose Bewegung im Dunkeln, zu welcher kein Befehl erteilt worden war. Bald merkte ein jeder, daß er nicht der einzige sei, der leise nach der Vorderwand gekrochen war, um durch ein Astloch oder einen Spalt zu spähen. Nein, wir waren alle da und starrten mit klopfendem Herzen nach der Stelle hin, wo der Fußpfad in den Wald einmündete. Ringsum war alles still und man konnte bei dem bleichen Schein des Mondes nur die allgemeinen Umrisse der Gegenstände unterscheiden. Da ließ sich auf einmal ein dumpfer Ton vernehmen, der wie Hufschlag klang. Nach einer Weile sahen wir eine nebelhafte Gestalt auf dem Waldpfad auftauchen, die immer näher kam. Es war ein Mann zu Pferde, und wie mir schien, ritten noch andere hinter ihm drein. Ein jäher Schrecken fuhr mir durch die Glieder; ohne recht zu wissen was ich that, griff ich nach meiner Flinte und steckte den Lauf durch einen Spalt in der Wand. „Feuer!" gebot eine Stimme und ich drückte los. Mir war, als sähe und hörte ich es hundertmal blitzen und knallen – gleich darauf fiel der Mann aus dem Sattel.

Verwundert über den gelungenen Schuß, wollte ich, mit dem Instinkt des Jägers, im ersten Augenblick hinzueilen, um mich meiner Beute zu versichern; da hörte ich neben mir jemand flüstern: „Bravo – den haben wir – jetzt kommen die übrigen an die Reihe." Wir warteten und lauschten, aber die andern ließen sich nicht blicken. Kein Laut war zu hören, nicht ein Blatt bewegte sich; die Stille ward immer unheimlicher. Endlich ertrugen wir es nicht länger; wir krochen verstohlen hinaus und näherten uns der mondbeschienenen Stelle, wo der Mann auf dem Rücken lag, die Arme von sich gestreckt, mit offenem Mund und keuchender Brust, das weiße Vorhemd von Blut überströmt. Siedend heiß fuhr mir der Gedanke durch den Kopf, daß ich ein Mörder war, daß ich einen Menschen getötet hatte, der mir nie etwas zu Leide gethan. Es ging mir durch Mark und Bein. Verzweifelnd kniete ich neben ihm und streichelte ihm Stirn und Wangen – ich hätte alles darum gegeben und mit Freuden mein eigenes Leben geopfert, um ihn wieder heil und gesund zu machen, wie er es noch vor wenigen Minuten gewesen. Alle Kameraden schienen mein Gefühl zu teilen, sie beugten sich mitleidig über den Verwundeten, versuchten ihm auf jede Weise beizustehen und drückten das innigste Bedauern aus. An den Feind dachte niemand mehr, sie sahen in diesem Gegner nur den einzelnen, beklagenswerten

Menschen. Das brechende Auge des Sterbenden schien noch mit einem Blick des Vorwurfs auf mir zu ruhen, der mich wie ein Dolchstoß traf. Als ich ihn nun gar, wie im Traum, etwas von Weib und Kind murmeln hörte, ergriff mich neues Entsetzen: So sollten also die Folgen meiner Missethat auch auf das Haupt jener Unschuldigen fallen, die mir nie etwas Böses zugefügt hatten!

Wenige Augenblicke später stieß der Mann den letzten Seufzer aus. Er war im Kriege getötet worden nach Brauch und Recht – sozusagen auf dem Schlachtfeld gefallen; und dennoch beklagte ihn die feindliche Macht wie einen Bruder. Wohl eine halbe Stunde lang standen die Kameraden tief bewegt neben der Leiche und besprachen den Trauerfall in allen Einzelheiten. Sie fragten sich, wer der Mann wohl sein möge; ob er nicht doch vielleicht ein Spion gewesen? Hätten sie ihn wieder lebendig machen können, sie würden ihm sicherlich kein Haar gekrümmt haben.

Bald stellte sich heraus, daß außer mir noch fünf Soldaten Feuer gegeben hatten; nicht weniger als sechs Kugeln waren abgeschossen worden. Diese Teilung der Schuld gewährte mir eine große Erleichterung bei der Last, welche mich niederdrückte. Im Augenblick der That war ich so wenig bei Besinnung gewesen, daß ich in meiner erhitzten Einbildungskraft die ganze Salve für einen einzigen Schuß aus meiner Flinte gehalten hatte.

Der Mann trug weder Waffen noch Uniform. Er war in der Gegend völlig unbekannt und wir haben nie etwas Näheres über ihn erfahren. Mich quälte die Erinnerung an ihn Tag und Nacht, ich konnte sie nicht wieder los werden, konnte die peinigenden Gedanken nicht verscheuchen; daß wir einem harmlosen Menschen das Leben genommen hatten, schien mir so sündhaft, so zwecklos. Und war dies nicht ein Bild des Krieges überhaupt? Was thut man denn anderes im Kriege, als Leute umbringen, gegen die man keine persönliche Feindschaft hegt – Fremde, denen man unter andern Umständen beistehen würde, wenn sie in Not gerieten, und die auch uns Hilfe leisten würden wenn wir ihrer bedürften? Mit meiner Freude an dem Feldzug war es vorbei. Ich besaß die erforderliche Ausrüstung nicht für dies grimme Handwerk; zum Kriege brauchte man Männer, und ich hatte die Kinderschuhe noch nicht ausgetreten. So beschloß ich denn, das unwürdige Soldatenspiel aufzugeben, um nicht meine ganze Selbstachtung einzubüßen. Vernünftigerweise hätte ich mich eigentlich von den selbstquälerischen Gedanken losmachen sollen, denn im Grunde meines Herzens glaubte ich fest, daß nicht *meine* Hand des Mannes Blut vergossen hatte. Es war im höchsten Grade unwahrscheinlich, daß meine Kugel ihn auch nur gestreift hatte, da es mir bei allen meinen Schießübungen noch nie gelungen war, einen Gegenstand zu treffen, nach dem ich zielte – und *ihn* hatte ich genau aufs Korn genommen, das wußte ich. Leider gewährte mir diese Überzeugung keinen Trost. Wann hätte sich auch eine kranke Einbildungskraft je durch Vernunftgründe heilen lassen? –

Wir fuhren nun fort wie bisher das Land auszusaugen und bei jeder beunruhigenden Nachricht unser Lager zu wechseln. Die Farmer waren unermüdlich in ihrer Gastfreundschaft und Zuvorkommenheit gegen uns, während sie uns von Rechts wegen hätten zum Henker wünschen müssen. Auf unsern Kreuz- und Querzügen waren wir eines Tages in dem Bezirk Monroe angelangt und hatten in einem Hohlweg bei dem Dorfe Florida, wo ich geboren bin, unser Lager aufgeschlagen – es war das letzte, welches ich bezog. Hier erfuhren wir, daß ein Oberst mit einem ganzen Regiment Unionstruppen auf uns heranmarschiere. Damit war nicht zu scherzen; wir beratschlagten schnell, was zu thun sei, und verkündigten rasch den übrigen Kompagnien, die unser Lager teilten, daß wir nichts mehr mit dem Krieg zu schaffen haben wollten und entschlossen seien, unser Korps aufzulösen. Die Leute standen eben selbst im Begriff, sich zurückzuziehen und suchten uns zu bereden, noch auf den General Tom Harris zu warten, der jeden Augenblick eintreffen müsse. Wir hielten das aber für unnützen Zeitverlust. Nach der vielen Übung, die wir gehabt hatten, verstanden wir uns so gut auf den Rückzug, daß wir nicht erst auf einen General zu warten brauchten, um uns darüber belehren zu lassen. So stiegen wir denn auf und ritten davon – das heißt, etwa die Hälfte unseres Korps, mich eingeschlossen; die übrigen ließen sich überreden, dazubleiben – und machten den ganzen Krieg mit.

Unterwegs trafen wir auf General Harris, der uns befahl, wieder umzukehren; wir aber erzählten ihm, daß ein Oberst mit einem ganzen Regiment Unionstruppen im Anmarsch sei. Da würde es gewiß Mißhelligkeiten geben und wir hielten es für besser, nach Hause zu gehen. Harris geriet zwar in Zorn, aber das nützte nichts, denn unser Beschluß stand fest. Wir hatten das unsrige gethan, hatten einen Mann getötet – die übrigen Feinde konnte Harris nun selbst umbringen, damit der Krieg bald zu Ende wäre.

Wer aber war jener Oberst der Union, welcher mich so in Schrecken jagte, daß ich um seinetwillen dem Süden meine wertvollen Kriegsdienste entzog? Kein anderer als General Grant, wie ich später erfuhr. Damals war sein Name freilich fast ebenso unbekannt wie der meinige – was uns jetzt kaum glaublich erscheint. Wir waren nur wenige Meilen von einander entfernt und ich hatte die beste Gelegenheit, mit ihm zusammenzutreffen – aber ich ging nach der entgegengesetzten Richtung.

Über den vorstehenden Bericht wird wohl mancher Leser den Kopf schütteln, aber er hat dennoch seinen Wert und seine Berechtigung. Er giebt ein wahrheitsgetreues Bild von dem Thun und Treiben der Milizen während der ersten Monate des Bürgerkriegs und von Vorgängen, die durchaus nicht vereinzelt dastanden. Hat die Geschichte bisher darüber geschwiegen, so war das ein Mangel, welcher dringend der Ergänzung bedurfte. Aus den jungen, ungeübten Rekruten, die ohne Zucht, ohne erfahrene Führer, vor unbekannten Schrecknissen zurückbebten, sind später doch noch wackere Krieger geworden, welche mitgeholfen haben, die großen Entscheidungsschlachten zu schlagen. Auch ich würde mit der Zeit das Soldatenhandwerk wohl noch gelernt haben; in einem Stück hatte ich es ja schon ziemlich weit gebracht: ich wußte genau, wie man einen Rückzug ausführen muß.